Ihre Arbeitshilfen zum Download:

Die folgenden Arbeitshilfen stehen für Sie zum Download bereit:

Formulare:
- Selbstauskunft
- Personalbögen

Den Link sowie Ihren Zugangscode finden Sie am Buchende.

Crashkurs Mietverwaltung

Ute Missal

Crashkurs Mietverwaltung

Von der Mietersuche bis zum Auszug

3. aktualisierte Auflage

Haufe Group
Freiburg · München · Stuttgart

Bibliografische Information der Deutschen Nationalbibliothek

Die Deutsche Nationalbibliothek verzeichnet diese Publikation in der Deutschen Nationalbibliografie; detaillierte bibliografische Daten sind im Internet über http://dnb.dnb.de abrufbar.

Print:	ISBN 978-3-648-12369-0	Bestell-Nr. 16020-0003
ePub:	ISBN 978-3-648-12370-6	Bestell-Nr. 16020-0102
ePDF:	ISBN 978-3-648-12371-3	Bestell-Nr. 16020-0152

Ute Missal
Crashkurs Mietverwaltung
3. aktualisierte Auflage, 2019

www.haufe.de
info@haufe.de

Bildnachweis (Cover): shutterstock.com

Produktmanagement: Jasmin Jallad
Lektorat: Hans-Jörg Knabel, Willstätt

Inhaltsverzeichnis

Vorwort

Liebe Kolleginnen, liebe Kollegen und alle, die es noch werden wollen, herzlichen Glückwunsch! Sie haben sich für eine verantwortungsvolle, interessante und abwechslungsreiche Tätigkeit entschieden – die Tätigkeit eines Mietverwalters. Mein Buch wird Sie bei dieser anspruchsvollen Verwaltertätigkeit unterstützen, egal, ob Sie selbst Immobilienverwalter, Mitarbeiter einer Immobiliengesellschaft oder Betreuer von Mietverwaltungsanlagen sind. Vielleicht sind Sie ja auch ein Makler oder besitzen eine Hausmeisterfirma und möchten sich ein zweites Standbein professionell aufbauen.

Als ich vor 25 Jahren meine Hausverwaltung aufgebaut habe, habe ich zig Seminare besucht – allesamt zum Thema »Mietrecht«. Es gab kein Seminar darüber, was ich beim Aufbau einer Hausverwaltung zu beachten habe, welche Versicherungen ich abschließen sollte, welche Honorare ich veranschlagen kann, was eine gute Mietverwaltungssoftware können muss oder wie ich Briefe, z. B. fristlose Kündigungen, Mieterhöhungen oder Abmahnungen, rechtssicher formuliere. Damals gab es auch kaum Fachliteratur für den Mietverwalter. Ich fühlte mich allein gelassen, musste mich selbst durchkämpfen. Das möchte ich Ihnen ersparen.

Mein Buch wird Ihnen ein wertvolles Hilfsmittel sein, auch wenn Sie ein selbst verwaltender Eigentümer sein sollten.

Die gute Nachricht vorweg: Auch in Zukunft wird es immer Mietobjekte geben, die optimal verwaltet werden müssen – Arbeit ist also genügend für Sie da.

Sie möchten diese Arbeit und Ihre Hausverwaltung aber auch rentabel gestalten. Dieses Buch vereint beides – Sie erfahren, wie Sie Ihre Hausverwaltung effizient, kostengünstig und vor allen Dingen zeitsparend führen können, wie Sie z. B. Arbeitsprozesse optimieren, abschätzen, wie viele Einheiten ein Mitarbeiter im Monat verwalten sollte und welche Sonderhonorare Sie gegenüber Ihrem Auftraggeber geltend machen können. Sie lernen, was eine gute Hausverwaltungssoftware können muss, damit sie Sie effizient unterstützen kann. In Kapitel 4.4 erfahren Sie, ab wann sich ein Mietobjekt für Sie rentiert – oder ob Sie es besser ablehnen sollten.

Außerdem führt Sie dieses Buch praxisnah durch alle Belange einer Mietverwaltung. Sie lernen anhand von Übungen und Fallbeispielen, wie Sie eine Mieterhöhung unter Einsatz des qualifizierten Mietspiegels berechnen, wie Sie eine fristlose Kündigung erstellen und erhalten Tipps, wie Sie Ihren Mieter vielleicht doch noch überzeugen können, seine Miete zu zahlen. Sie erfahren Wissenswertes über die allgemeinen immobilienwirtschaftlichen Verkehrssicherungspflichten, die immer höhere Haftungsansprüche bei Nichtdurchführung an Sie stellen.

Mitteilungen über die neuesten technischen Verordnungen und Informationen zu Themen wie Schimmelbildung, Ökodesign und die Energieeinsparverordnung bringen Sie auf den neuesten Wissensstand.

In Kapitel 10, in dem Sie mehrere Fallbeispiele und Übungen finden, können Sie Ihr erlerntes Wissen überprüfen.

Musterbriefe und Checklisten helfen Ihnen Ihre täglichen Aufgaben professionell, rechtssicher und effizient durchzuführen.

Tipps von einem Profi für einen Profi erleichtern Ihnen Ihre Arbeit.

Kurzum: Das Buch ist ein Buch von einem Praktiker für einen Praktiker – nämlich für Sie, ohne dabei den rechtlichen Part in Form von Urteilen und Paragrafen zu vernachlässigen. Möge mein schriftlicher Crashkurs Mietverwaltung Ihnen bei Ihrer praktischen Arbeit als ein zuverlässiger Helfer zur Seite stehen und Ihnen Ihre Arbeit vereinfachen und erleichtern.

Ihre Ute Missal

1 Einleitung

Das Buch Crashkurs in der Mietverwaltung führt Sie in die tägliche Praxis der Mietverwaltung ein. Bei der Gestaltung des Inhalts und der Themen habe ich das Ziel verfolgt, die differenzierten und oft schwierigen Zusammenhänge in möglichst einfacher und verständlicher Sprache darzustellen.

1.1 Was ist eigentlich eine Mietverwaltung?

Eine Mietverwaltung ist ein verwalterisches Unternehmen, das alle Rechte und Pflichten eines Vermieters gegen Verwaltergebühren übernimmt. Sie nimmt dem Vermieter seine gesamten Aufgaben ab. So sucht die Mietverwaltung liquide Neumieter, führt mit ihnen sämtliche Verhandlungen bis hin zum Abschluss eines rechtsgültigen Mietvertrags. Nach der Vertragsunterzeichnung übergibt sie die Wohnung oder die Gewerbeeinheit an den Mieter und erstellt ein Übergabeprotokoll über den genauen Zustand des Mietobjekts. Die Mietverwaltung übernimmt die gesamte Korrespondenz mit den Mietern, aber auch mit Dritten wie z. B. mit Handwerkern, Hausmeistern, Versicherungen, Behörden und gegebenenfalls auch mit WEG-Verwaltungen. Sie kümmert sich um Mieterhöhungen, erstellt Nebenkostenabrechnungen, führt Analysen hinsichtlich der Kosten durch und minimiert die Kosten, um die Rendite für den Eigentümer der Immobilie zu steigern.

Eine professionelle Mietverwaltung kümmert sich um problematische Mieter, die bspw. permanent gegen die Hausordnung verstoßen oder ihren Mietzahlungsverpflichtungen nicht nachkommen, und führt das Mahnwesen bis hin zur Kündigung und/oder dem Klagewesen durch.

Eine weitere Hauptpflicht des Mietverwalters ist die regelmäßige Begehung der von ihm verwalteten Objekte im Rahmen seiner allgemeinen Verkehrssicherungspflichten, um den Erhalt der Objekte zu ihrem bestimmungsgemäßen Gebrauch, also z. B. zu Wohnzwecken, zu sichern. Der Mietverwalter stellt Mängel fest und holt Angebote zu ihrer Beseitigung ein. Er vergibt die entsprechenden Aufträge, lässt die Mängel nach Prioritäten beheben und nimmt die Reparaturen ab. Danach prüft er die Rechnungen und sorgt für deren Bezahlung.

Im Rahmen seiner Tätigkeit hält sich der Mietverwalter an die jeweils neusten Gesetze und Verordnungen, sei es im mietrechtlichen, sei es im technischen Bereich, so z. B., wenn es um die Einhaltung der Energieeinsparverordnung geht. Er übernimmt also die erforderliche und ordnungsgemäße Betreuung und Bewirtschaftung von Mietverwaltungsobjekten zur langfristigen Bereitstellung an Dritte.

1.2 Wer ist der Auftraggeber einer Mietverwaltung?

Kunden sind fast in der gesamten Bevölkerung zu finden. Es sind Eigentümer einer Wohnung oder eines Wohnhauses, die ihr Objekt betreut haben möchten. Das kann der Rentner sein, der mit den Mieteinnahmen sein Einkommen verbessern möchte, oder der Kapitalanleger, der Mietimmobilien aufgrund der zu erwartenden Rendite erwirbt. Außerdem gibt es natürlich noch Unternehmen, die in diese Immobilien investieren, um ebenfalls Renditen zu erzielen. Sie alle bedienen sich einer professionellen Mietverwaltung, um sich nicht selbst mit dem Vermietungsgeschäft, den daraus resultierenden Problemen und der sich permanent ändernden Rechtsprechung befassen zu müssen. Selbst Unternehmen, die einen großen Bestand an eigenen Mietobjekten haben, wie z. B. Banken oder Versicherungen, geben die Mietverwaltung weiter, weil sie nicht zu ihrem Kerngeschäft gehört.

1.3 Was Sie in diesem Buch erwartet

Die einzelnen Themen dieses Buchs werden durch viele Beispiele, Berechnungen, wichtige Hinweise und Tipps aus meiner Praxis untermauert und erleichtern Ihnen das Verständnis und den Überblick, ohne dass dabei die rechtlichen Grundlagen vernachlässigt werden.

Von Ihnen zu bearbeitende Fälle und Aufgaben verfestigen den erlernten Stoff. Checklisten und Musterschreiben erleichtern Ihnen das Tagesgeschäft.

Im ersten Kapitel gehen wir auf die verschiedenen Arten von Mietobjekten, ihre Förderung und einige Grundbegriffe der Immobilienwirtschaft ein. In den nachfolgenden Kapiteln wenden wir uns dann den unterschiedlichen Bereichen einer Mietverwaltung zu:

- Wir beginnen mit den einzelnen Tätigkeitsgebieten einer mietverwalterischen Hausverwaltung und ihren Rechtsformen. Dann wenden wir uns eventuellen Haftungsfällen und Absicherungen durch entsprechende Versicherungen zu und befassen uns mit dem umfassenden Thema »Organisation eines Unternehmens« inklusive Anmeldung von Mitarbeitern und zu versteuernde Löhne und Gehälter.
- Es folgt ein Kapitel zum Thema »Marketing und Akquise«, das Ihnen dabei hilft, ein stetiges Wachstum Ihres Unternehmens zu erzielen. Dann befassen wir uns mit den betriebswirtschaftlichen Parametern Ihrer eigenen Hausverwaltung und mit dem Beurteilen neuer Immobilienobjekte. Hier geht es um Rentabilität, Verwalterhonorare und Sonderhonorare. Auch die Übernahme von Verwalterunterlagen, Liegenschaftsversicherungen und die Kostenanalyse bei bestehenden Liegenschaftsverträgen sprechen wir in diesem Zusammenhang an.
- Kapitel 5 (»Rund um die Mietverwaltungspraxis«) umfasst viele unterschiedliche Themenbereiche. Hier gehen wir auf die einzelnen Tätigkeiten ein, die im Rahmen einer Mietverwaltung anfallen. Sie werden in einzelnen Abschnitten dargestellt, so z. B. die Neuvermietung, das Erstellen von Mietverträgen, Mieterhöhungen, die Ausübung von Vermieterpfandrechten und Kündigungen. Darüber hinaus lernen Sie die umlagefähigen Betriebskosten mit ihren Sonderfällen kennen und erfahren, wie Sie eine Mietbuchhaltung führen. Außerdem gehen wir auf Themen der technischen Verwaltung wie Instandhaltung und Instandsetzung ein. Sie lernen das Neueste zum Thema »Energieeinsparverordnung« kennen und wichtige Verkehrssicherungspflichten. Es wird erklärt, was Sie bei der Begehung Ihrer Objekte zu beachten haben und welche Gewerke und Bauteile Sie besonders prüfen sollten, um Schäden vom Leib und Leben Ihrer Mieter fernzuhalten.

Sofern Sie bei Ihrer Tätigkeit auf komplexe, rechtliche Fragen stoßen, empfehle ich Ihnen, den fachlichen Rat eines Rechtsbeistands einzuholen, weil das Buch nicht auf alle rechtlichen Fragen eingehen kann.

2 Die Immobilie als Mietobjekt

Eigentum an Mietobjekten zu erwerben, ist eine mögliche Form der Geldanlage. Sie wird größtenteils von Privatpersonen genutzt. Hierbei geht es primär um die Rentabilität des eingesetzten Kapitals durch die laufende Rendite aus Mietüberschüssen. Der Gesamtbestand an Wohnungen in Deutschland lag im Jahr 2004 nach der Auswertung vom 29.7.2005 durch das Statistische Bundesamt bei 39,36 Mio.[1]

Auf Privateigentümer entfallen 44 Prozent des Mietwohnungsbestands in Deutschland.

Da die Kosten für das Erstellen eines Mietobjekts im Vergleich zu den Vorjahren stetig steigen, steigen auch die Mieten dementsprechend an. So bietet ein Mietobjekt für den Kapitalanleger eine solide Möglichkeit, sein Kapital anzulegen. Gerade auch vor dem Hintergrund, dass zwar der Boden nicht vermehrbar ist, aber immer mehr Wohnungen benötigt werden, weil es immer mehr alleinstehende Personen gibt. Aber nicht jeder Kapitalanleger möchte seine Immobilie selbst verwalten – manchen fehlt dafür die Zeit, anderen die Sachkenntnis.

Oftmals ist es dem Kapitalanleger auch zu nervenaufreibend, sich um die Belange seiner Mieter oder gar um schwierige Mieter zu kümmern. In diesen Fällen sucht er professionelle Hilfe durch einen Mietverwalter, der ihm die gesamte Arbeit abnimmt und sich auch noch um die Wertsteigerung der Immobilie, z. B. durch Mieterhöhungen, kümmert. Hier sind dann Sie als professioneller Mietverwalter gefragt.

2.1 Welche Objekte können durch Sie verwaltet werden?

Für Sie als Mietverwalter gibt es mehrere Verwaltungsmöglichkeiten, sei es die Mietwohnung, das Gewerbeobjekt oder eine Mischform aus beidem.

- **Mietobjekte**
  Zu den Mietobjekten gehören neben Mehrfamilienhäusern auch Einfamilienhäuser, Hausgruppen und Einliegerwohnungen. Private Eigentümer setzen profes-

1 Siehe www.destatis.de/basis/d/bauwo/bauwotab6.php.

sionelle Verwalter wegen der im Vergleich zur normalen Geldvermögensverwaltung wesentlich schwierigeren und aufwendigeren Verwaltung von Mietobjekten ein. Sie erwarten vom Objektbetreuer u. a. eine effiziente Bewirtschaftung und eine Rentabilitätssteigerung.

- **Geschäftshäuser**
  Zu den Geschäftshäusern zählen die klassischen Bürohäuser, aber auch gemischte gewerbliche Immobilien wie Büro- und Einzelhandelsobjekte, Einkaufszentren und Supermärkte. Hier werden Mietverwalter eingesetzt, weil sich die Bedürfnisse der gewerblichen Mieter schneller ändern, als die von Privatpersonen, und eine genaue und professionelle Marktbeobachtung aufgrund der momentanen Wirtschaftslage erforderlich ist, um auf Schwankungen bei den Mieterträgen sofort reagieren zu können.

! **Beispiel**

Einer Ihrer gewerblichen Mieter muss aufgrund der wirtschaftlichen Lage Personal einsparen. Jetzt sind die angemieteten Räumlichkeiten zu groß und er möchte Teile der Mietfläche zurückgeben.
Auf dieses Bedürfnis sollten Sie flexibel reagieren, um den Mieter zu halten, sonst droht Ihnen ein eventueller Leerstand der Gesamtfläche durch eine Kündigung seitens des Mieters.

- **Wohn- und Geschäftshäuser**
  Wohn- und Geschäftshäuser sind eine Mischform. Meistens befinden sich im Erdgeschoss Ladenlokale oder Büros und in den darüber liegenden Geschossen Wohnräume. Die unterschiedlichen Erwartungen der Mieter führen hier oft zu Problemen, die ein professioneller Mietverwalter aufgrund seiner Erfahrung leichter lösen kann als der unerfahrene Besitzer eines Wohn- und Geschäftshauses.

! **Beispiel**

Einer Ihrer Wohnraummieter beschwert sich über die nächtliche Anlieferung von Brotprodukten und Zeitschriften für den Supermarkt im Erdgeschoss und die damit verbundene Lärmbelästigung. Der Supermarkt ist aber aus wirtschaftlichen Gründen darauf angewiesen, dass er in der Nacht beliefert wird.

- **Sondereigentumsverwaltung** (Mietwohnung in einer Wohnungseigentumsgemeinschaft)
  Im Falle der Sondereigentumsverwaltung verwaltet der Mietverwalter kein ganzes Haus, sondern nur die Wohnungen einzelner Eigentümer in einer Wohnungseigentumsanlage.

2.2 Was ist eine Wohnung?

Unter einer Wohnung wird eine Summe von Räumen verstanden, die sich in einem festen Gebäude befinden und bestimmten sozialen und hygienischen Mindestanforderungen entsprechen. Eine Wohnung muss außerdem »abgeschlossen«, also von anderen Wohnungen getrennt sein, eine eigene Wohnungstüre haben und zu Wohnzwecken dienen.

Beispiel !

Ein Eigentümer bittet Sie, aus leerstehenden Räumen in seinem Mehrfamilienhaus eine Wohnung zu gestalten. Ein Bad und ein WC möchte er aus Kostengründen nicht einbauen lassen. Der neue Mieter könne ja, so sein Argument, ein extra WC im Hinterhof nutzen. Das Problem ist nur: Auf diese Weise kommt keine Wohnung zustande.

Die Wohnungsgröße
Die Größe einer Wohnung wird entweder durch die Anzahl der Zimmer bzw. Räume oder durch die Wohnfläche festgestellt.

Man spricht von
- Wohn- und Schlafzimmern bei mindestens 10 m^2,
- Wohn- und Schlafkammern bei 6–10 m^2.

Außerdem gehören zu einer Wohnung auch Nebenräumen wie
- Dielen,
- Flure,
- WCs,
- Badezimmer,
- Abstellräume,
- Balkone.

Die Wohnfläche

Bei einer Wohnungsvermietung werden Sie von den Wohnungsinteressenten in der Regel nach der Wohnfläche gefragt. Sie richtet sich nach der anrechenbaren Grundfläche der Räume, die zur Wohnung gehören, und wird folgendermaßen berechnet:

- Grundflächen von Räumen oder Raumteilen mit einer lichten Höhe von mindestens zwei Metern: **voll**.
- Grundflächen von Räumen oder Raumteilen mit einer lichten Höhe von mindestens einem Meter und weniger als zwei Metern, Wintergärten, Schwimmbäder und ähnliche nach allen Seiten geschlossene Räume: **zur Hälfte**.
- Grundflächen von Loggien, Balkonen und ähnlichen Räumen: **zur Hälfte**.
- Ausnahme: Balkone, die sich nicht zur Südseite ausrichten oder nicht aufwendig gestaltet sind, können nur mit einem **Viertel** angerechnet werden.

! **Beispiel**

Die zu vermietende Wohnung hat eine Wohnfläche von 80 m². Der Balkon ist 4 x 4 m² groß, hat also 16 m². Zu den 80 m² Wohnfläche können also 25 % (= 4 m²) hinzugerechnet werden. Der Mietpreis wird folglich auf einer Basis von 84 m² berechnet.

- Grundflächen von Räumen oder Raumteilen mit einer lichten Höhe von weniger als einem Meter und von nicht gedeckten Terrassen: **gar nicht**.

Unterscheidung von Wohnungen hinsichtlich ihrer Förderung

Wohnungen werden nicht nur hinsichtlich ihrer Größe unterschieden. Ein weiteres Unterscheidungsmerkmal ist ihre Förderung.

- **Öffentlich geförderte Wohnungen**
  Öffentlich geförderte Wohnungen werden mithilfe von öffentlichen Mitteln errichtet, und zwar mit dem Ziel, eine niedrige Belastung und niedrige Mieten für sozial schwache Mieter zu erreichen. Mieter einer öffentlich geförderten Wohnung kann nur werden, wer im Besitz eines Wohnberechtigungsscheins ist. Die Wohnung darf nur zur Kostenmiete vermietet werden. Die Kostenmiete entspricht dem Entgelt, das zur Deckung der laufenden Aufwendungen erforderlich ist. Sie wird anhand einer Wirtschaftlichkeitsberechnung berechnet.
- **Steuerbegünstigte Wohnung**
  Steuerbegünstigte Wohnungen werden ohne öffentliche Mittel errichtet. Eine wesentliche Voraussetzung für die Anerkennung der Steuerbegünstigung ist, dass die Wohnung die in § 39 Abs. 1 Satz 2 WobauG bestimmte Wohnfläche um

nicht mehr als 20 Prozent überschreitet. Steuerbegünstigte Wohnungen unterliegen keiner Wohnungsbindung.

- **Frei finanzierte Wohnung**
  Frei finanzierte Wohnungen werden weder durch öffentliche Mittel noch durch Steuerbegünstigungen gefördert und unterliegen keiner Wohnungsbindung.

2.3 Was ist ein Geschäftsraum?

Unter Geschäftsräumen versteht man Räume, die nicht zu Wohnzwecken geeignet sind, sondern in denen das Geschäft bzw. der Betrieb eines Unternehmens abgewickelt wird. Beispiele sind: Produktionshallen, Praxen, Gaststätten, Ladenlokale.

Der Geschäftsraum bzw. die gewerbliche Immobilie unterscheidet sich vom Wohnraum z. B. dadurch, dass der vermietete Raum nicht in Quadratmetern Wohnraum, sondern in Quadratmetern Nutzfläche angegeben ist. Dabei kann bestimmt werden, in welchem Umfang auch gemeinschaftliche Flächen, die von mehreren Mietpartnern genutzt werden, in die Mietfläche eingerechnet werden. Gemeinschaftliche Flächen können z. B. sein: Treppenflure, gemeinschaftlich genutzte Teeküchen, Toiletten etc.

Nachdem wir nun geklärt haben, welche Arten und Größen von Wohnungen es gibt, stellt sich als Nächstes die Frage, welche Tätigkeiten Sie als Miet- oder Sondereigentumsverwalter für den Eigentümer wahrnehmen und ob Sie Qualifikationen benötigen, um überhaupt als Hausverwalter tätig sein zu dürfen. Weiterhin erklären wir, welche Rechtsform Sie für Ihr Unternehmen wählen können und welche Haftungsfallen Ihre Tätigkeit für Sie bereithält.

3 Der Mietverwalter und sein Unternehmen

Die Struktur und Organisation Ihres Unternehmens, Ihre Mitarbeiter, Haftungsfallen und Absicherungen – das kommt auf Sie zu.

3.1 Die Mietverwaltung

Dieses Kapitel befasst sich mit den Tätigkeiten eines Mietverwalters und mit der Frage, ob er für seine Arbeit Qualifikationen benötigt.

3.1.1 Tätigkeitsumfang

Da sich der Bestand an Wohnungen laufend vermehrt, ist der Verwaltermarkt ein kontinuierlicher Wachstumsmarkt, in dem der Mietverwalter bzw. der Sondereigentumsverwalter gegen Entgelt fast alle Rechte und Pflichten eines Eigentümers übernimmt.

Die Mietverwaltung bzw. die Sondereigentumsverwaltung verwaltet den Immobilienbestand von Unternehmen und Privatpersonen. Das kann eine einzeln vermietete Wohnung oder Gewerbeeinheit in einer Eigentümergemeinschaft sein, aber auch ein Objekt mit mehreren Einheiten eines Eigentümers.

Die Tätigkeit des Verwalters bezieht sich auf die Bewirtschaftung des Objekts. Der Verwalter vertritt den Eigentümer üblicherweise gegenüber Dritten, z.B. gegenüber Mietern, Handwerkern, Behörden, Versicherungen und Nachbarn. Er sorgt für die langfristige Bereitstellung von Wohn- oder Gewerberäumen zur Nutzung durch Dritte, mit denen er Miet- und Pachtverhältnisse eingeht.

Der Unterschied zwischen Miete und Pacht besteht in der sog. »Fruchtziehung«.

Beispiel !

Sie können einen Mietvertrag über einen Garten mit Obstbäumen abschließen. Ihr Mieter darf das Obst jedoch nicht ernten und verkaufen. Wenn Sie allerdings einen Pachtvertrag abschließen, darf Ihr Mieter das Obst wirtschaftlich verwerten.

Als Sondereigentumsverwalter dürfen Sie nicht im Bereich der WEG-Verwaltung tätig werden, das heißt, dass Sie nicht dazu befugt sind, Aufgaben im Bereich des Allgemeineigentums einer Immobilie durchzuführen. So obliegt es Ihnen z. B. nicht, Reparaturaufträge für den Aufzug oder das Dach zu erteilen, Wirtschaftspläne für die Eigentümer aufzustellen oder gemeinschaftliche Gelder zu verwalten.

Aufgrund der sich immer wieder ändernden Mietrechtsprechung und der allgemeinen wirtschaftlichen Situation wird immer mehr auf den Mietverwalter bzw. den Sondereigentumsverwalter und seine Fachkompetenz zurückgegriffen.

Der Verwalter verschafft sich bei seiner Berufsausübung keine ungerechtfertigten Vorteile und nimmt keine Zuwendungen Dritter, z. B. Mietinteressenten, an. Er unterlässt unlauteren Wettbewerb.

3.1.2 Die Berufszulassungsregelung für Wohnimmobilienverwalter gem. § 34c Gewerbeordnung

Das Bundesministerium für Wirtschaft und Energie hat eine entsprechende Verordnung bezüglich der obigen Zulassung ausgearbeitet. Diese Regelung trat bundesweit am 01.08.2018, verbindlich für alle Immobilienverwalter, in Kraft. Durch sie sollen Eigentümer vor »schwarzen Schafen« geschützt werden.

Zur Weiterbildungs- und Informationspflicht wie auch zur Berufshaftpflichtversicherung gehört z. B., dass Verwalter dazu verpflichtet sind, sich innerhalb von drei Jahren in einem Umfang von 20 Stunden im Bereich der Immobilienwirtschaft weiterzubilden. Dabei ist es dem Verwalter freigestellt, ob er dafür Seminare besucht, ein berufsbegleitendes Selbststudium absolviert oder z. B. an E-Learning- oder an betriebsinternen Maßnahmen teilnimmt. Die Weiterbildung kann auch »in einer anderen geeigneten Form« durchgeführt werden.

Die Themenkomplexe, die Gegenstände einer Weiterbildung sein können, sind beispielsweise die rechtlichen und kaufmännischen Grundlagen der Immobilienwirtschaft, die Verwaltung von Wohnungseigentumsobjekten, die Verwaltung von Mietobjekten, die technischen Grundlagen der Immobilienverwaltung, das Wettbewerbsrecht und die Einhaltung des Verbraucherschutzes.

Eine Befreiung von der Weiterbildungspflicht existiert bislang nicht. Allerdings ermöglicht eine »Alte-Hasen-Regelung«, dass Personen, die bereits eine kaufmännische Ausbildung zum Immobilienkaufmann/zur Immobilienkauffrau absolviert haben oder geprüfter Immobilienfachwirt/geprüfte Immobilienfachwirtin sind, die Weiterbildungspflicht erst drei Jahre nach Aufnahme ihrer Tätigkeit umsetzen müssen.

Eine weitere Pflicht ist die neue Informationspflicht. Sie beinhaltet die Informationen über die Qualifikationen und den Nachweis über die Weiterbildungsmaßnahmen in den letzten drei Jahren. Allerdings müssen die Informationen nur auf Anfrage der Kunden in Textform herausgegeben werden. Über die Weiterbildungsmaßnahmen müssen – nach Aufforderung – auch die Behörden informiert werden. Die Aufbewahrungspflicht beträgt fünf Jahre. Sollte trotz Aufforderung keine Auskunft erteilt werden, ist dies eine Ordnungswidrigkeit, die mit einem Bußgeld von bis zu 5.000 EUR geahndet werden kann.

Grundsätzlich hat der Immobilienverwalter geordnete (steuerliche) Vermögensverhältnisse und Zuverlässigkeit nachzuweisen. Eine Vermögensschadenshaftpflichtversicherung muss eine Deckungssumme von mindestens 500.000 EUR pro Fall und 1.000.000 EUR pro Jahr betragen.

3.1.3 Rechtsformen in der Hausverwaltung

Als Nächstes betrachten wir die Rechtsformen, die Sie für Ihre Verwaltung wählen können. Wegen des persönlichen Dienstleistungscharakters der Hausverwaltertätigkeit haben wir es primär mit Einzelunternehmen zu tun. Hier bringt der Verwalter alleine das gesamte Geschäftskapital auf und trägt das unternehmerische Risiko. Sein Name ist gleichzeitig auch der Name der Firma.

Ein Nachteil dieser Rechtsform besteht darin, dass der Wohnungsbestand nur schwierig verkauft werden kann. So muss sich ein Nachfolger jeden Verwaltervertrag vom Auftraggeber genehmigen lassen.

Sollte die Verwaltung als Kapitalgesellschaft, üblicherweise in Form einer GmbH, betrieben werden, ist es indes möglich, den gesamten Wohnungsbestand zu verkaufen, inkl. Mobiliar, Software etc. Gehaftet wird hier nur mit den Einlagen, das Haftungsrisiko ist also gemindert.

! **Beispiel**

Sie gründen eine GmbH mit einem Stammkapital (Einlage) von 50.000 EUR. Ihr Unternehmen besitzt keine Haftpflichtversicherungen. Nach zwei Jahren kommt es zu einem großen Haftungsfall in Höhe von 80.000 EUR. Sie haften nur mit dem Stammkapital Ihres Unternehmens.

3.1.4 Haftungsansprüche gegen den Mietverwalter

In diesem Kapitel befassen wir uns ausführlich mit dem Thema der Haftungsansprüche. Als mögliche Haftungsgrundlagen aufgrund des abgeschlossenen Verwaltervertrags und aufgrund der gesetzlichen Bestimmungen kommen infrage:

- **Verschuldensunabhängige Haftung**
  Die verschuldensunabhängige Haftung gilt nur dann, wenn sie im Verwaltervertrag ausdrücklich übernommen wurde. Bei normaler vertraglicher Haftung ist vom Verschulden nach dem Gesetz auszugehen. Der Verwalter muss den Gegenbeweis antreten.
- **Schäden am Objekt/an der Wohnung**
  Für Schäden, die durch den Verwalter am Objekt/an der Wohnung verursacht werden, haftet der Verwalter gegenüber dem Eigentümer.

! **Beispiel**

Das Fenster im Treppenhaus öffnet sich schwer. Sie wenden viel Kraft an, um es zu öffnen. Dabei reißt das Fenster aus der Halterung. Für diesen Schaden müssen Sie als Hausverwalter aufkommen.

- **Verletzung von Verkehrssicherungspflichten**
  Verletzungen von Verkehrssicherungspflichten ergeben sich aus der Nichteinflussnahme auf Gefahrenquellen wie z. B. Stolperstellen, eine nicht ausreichende Treppenhausbeleuchtung, die Nichteinhaltung der Trinkwasserverordnung. Der Träger von Verkehrssicherungspflichten ist im Zweifel der Verwalter. Seine Verwalterpflichten kann er nur dadurch beschränken, dass er z. B. eine Wartungs- oder eine Hausmeisterfirma damit beauftragt, einen Teil seiner Pflichten für ihn zu übernehmen.

3.1.4.1 Haftung des Verwalters bei der Mieterauswahl

Ein Eigentümer erwartet u. a. von Ihnen, dass Sie ihm einen liquiden Mieter suchen. Möchte der Mietinteressent mit weiteren Personen einziehen, hat er dies anzugeben. Allerdings muss er von der Person, die ebenfalls den Mietvertrag unterzeichnen soll, nur die Daten angeben.

Mieterauswahl

Bitte stellen Sie zunächst die Identität des Interessenten fest, indem Sie sich den Ausweis/Reisepass zeigen lassen und diesen prüfen:

- Passt das Foto zum Interessenten?
- Ist das Foto ggf. nur eingeklebt?
- Passt das Alter?
- Handelt es sich generell um ein offizielles Dokument?

Bei ausländischen Mietinteressenten sollten Sie sich auf jeden Fall die Aufenthaltsgenehmigung zeigen lassen. Sie sollte unbefristet sein. Eine Arbeitserlaubnis sollte ebenfalls vorliegen.

Sollte es sich beim Mietinteressenten um ein Unternehmen handeln, verlangen Sie die Gewerbeanmeldung und den Handelsregisterauszug.

Mieterselbstauskunft

In einer Mieterselbstauskunft soll der Mietinteressent Auskünfte zu seiner Person und seine Adresse sowie seine Telefonnummer angeben. Möchte der Mietinteressent mit weiteren Personen einziehen, sind die entsprechenden Angaben auch zu diesen Personen zu machen. Dabei sind auch jeweils der Beruf und der Arbeitgeber anzugeben. Wichtig sind darüber hinaus die Angaben zu den Einkommen. Diese sollten Sie sich durch die letzten drei Gehaltsabrechnungen bestätigen lassen. Erkundigen Sie sich nach Pfändungen, Insolvenzverfahren und nach Anträgen auf die Abgabe einer eidesstattlichen Versicherung. Lassen Sie sich vom Interessenten eine Schufa und-/oder Bankauskunft vorlegen.

Sollte es sich bei dem Mietinteressenten um einen Selbstständigen, einen Freiberuflern oder um ein Unternehmen handeln, fragen Sie statt nach der Gehaltsabrechnung nach der Gewinn- und Verlustrechnung oder nach der Bilanz. Auch eine Bestätigung der Liquidität durch den Steuerberater des Interessenten oder durch dessen Bank kann bei der Bonitätsprüfung hilfreich sein.

Haftung bei Vertragsabschluss

Bei einem Vertragsabschluss übernehmen Sie die Haftung für

- unwirksame Klauseln und
- nicht sorgfältig ausgefüllte und/oder ergänzte Mietverträge.

! **Beispiel**

- Es sind nicht alle Eigentümer mit Vor- und Zunamen angegeben (besonders wichtig bei Erbengemeinschaften).
- Nicht alle Mieter wurden mit Vor- und Zunamen angegeben.
- Die Wohnung ist nicht genau angegeben bzw. bezeichnet (fehlende Wohnungsnummer, Etage etc.).

! **Beispiel**

Bei einer Ergänzung zum Mietvertrag fehlt

- der Bezug auf das Datum des Hauptmietvertrags oder
- die Nummer der Ergänzung zum Hauptmietvertrag.

Verwalterhaftung im Hinblick auf Versorgungsverträge

Bitte achten Sie beim Abschluss von Versorgungsverträgen auf die folgenden Punkte, um eventuellen Haftungsansprüchen zu entgehen:

- Verstreichenlassen von Kündigungsmöglichkeiten,
- Nichtausschöpfung aller Förder- und Subventionsmaßnahmen,
- Nichteinhaltung der Wirtschaftlichkeit bei der Auftragsvergabe.

! **Beispiel**

Achten Sie bitte darauf, dass Sie keine überteuerten Verträge z. B. für Gas abschließen. Das gilt auch für das Abschließen von Wartungsverträgen. Der Mieter könnte sonst zu Recht einwenden, dass Sie den wirtschaftlichen Aspekt nicht berücksichtigen und die erhöhte Kostengeltendmachung bei der Nebenkostenabrechnung abrechnen.

Tipp !

Holen Sie zu Ihrer eigenen Sicherheit drei Angebote ein und bitten Sie notfalls den Eigentümer um seine Entscheidung, wer den Auftrag erhalten soll. So sind Sie nicht in der Haftung gegenüber dem Eigentümer und dem Mieter.

3.1.4.2 Haftung im Hinblick auf Straftaten

Der Verwalter haftet für Schäden, die er beim Begehen von Straftaten verursacht. Das gilt auch für seine Mitarbeiter. So z. B. bei

- mutwilliger Sachbeschädigung,
- Diebstahl,
- Unterschlagung von Mieten und Kautionen,
- Vergabe von Handwerkerleistungen nur bei Zahlung einer Provision durch den Handwerker bzw.
- Akzeptanz überhöhter Handwerkerrechnungen in der Absicht, sich die Differenz zu den ortsüblichen Vergütungen mit dem Handwerker zu teilen.

3.2 Organisation in der Mietverwaltung

In diesem Kapitel wenden wir uns der Organisation einer Mietverwaltung zu. Hierbei geht es z. B. um die Größe Ihres Verwaltungsbüros und um die Frage, welche technische Ausstattung (insb. welche Hausverwaltungssoftware) Sie benötigen.

3.2.1 Das Hausverwaltungsbüro

Für einen potenziellen Kunden ist das Hausverwaltungsbüro meistens das Erste, was er von Ihnen und Ihrem Unternehmen wahrnimmt.

Die Größe eines Hausverwaltungsbüros richtet sich nach der Unternehmensgröße. Da eine Hausverwaltung kein Warensortiment anbietet und dadurch der Kundenkontakt im Büro eingeschränkt ist, muss es zu Beginn der hausverwalterischen Tätigkeit nicht groß sein. Sinnvoll ist es, dass Sie sich zunächst ein Büro anmieten, das aus ein bis zwei Räumen zzgl. Empfangsbereich, Kitchenette und WC besteht. Ein Raum dient dem laufenden Bürobetrieb, ein zweiter, repräsentativer Raum wird als

Besprechungszimmer für Gespräche mit Eigentümern, Mietern, Handwerkern etc. genutzt. Achten Sie bei Kontakten zu Dritten innerhalb des Büros auch auf Kleinigkeiten wie frische Blumen, Getränke und Kleingebäck. So schaffen Sie eine freundliche Arbeitsatmosphäre.

Sofern sich der Geschäftsbetrieb vergrößert, werden mehr Mitarbeiter benötigt. Hier ist es von Vorteil, wenn der Inhaber der Verwaltung ein eigenes Büro besitzt und sich jeweils zwei Mitarbeiter ein weiteres Büro (ca. 20–25 m^2) teilen. Zweckmäßig ist es dann auch, Bürogeräte wie das Fax- oder das Fotokopiergerät und Altakten separat unterzubringen.

Ihr Büro muss sich nicht in einer Eins-a-Gegend befinden. Zweckmäßiger ist es, auf eine gute Verkehrsanbindung zu achten, und darauf, dass genügend Parkplätze vorhanden sind.

Corporate Identity
Gesamtheit der Merkmale, die ein Unternehmen kennzeichnen und es von anderen Unternehmen unterscheiden:

- Beruht auf der Annahme, dass Hausverwaltungen als soziale Systeme wahrgenommen werden und ähnlich handeln können – also quasi eine menschliche Persönlichkeit haben.
- Dies wird durch eine Strategie bzgl. des Handelns, des Kommunizierens und des visuellen Auftretens von innen nach außen erreicht:
  - Firmenlogo, z. B. auf Briefpapier, Visitenkarte, Firmenfahrzeugen (also einheitliches Erscheinungsbild),
  - Firmenfarbe, Firmenname, Firmenlogo auf Kleidungsstücken (Hemd, Tuch, Bluse etc.), Homepage, Architektur (Wiedererkennungsfaktor),
  - gelebte Firmenphilosophie (Verhalten),
  - Beschwerdemanagement und Verhalten nach außen,
  - Unternehmensgeschichte,
  - Öffentlichkeitsarbeit,
  - Sprachebene,
  - Referenzen.

Das Hausverwaltungsbüro
Die Ausstattung eines Hausverwaltungsbüros hängt von der Unternehmensgröße ab. Regelmäßig werden benötigt:

- technische Ausstattung (zzgl. Emailprogramm, Bluetooth-Schnittstelle etc.),
- Ablage,
- Registraturmappen,
- Arbeitshilfen,
- Versicherungen.

Mindestversicherung für den Mietverwalter:
- Vermögensschadenshaftpflichtversicherung (z. B. Vergessen von Mieterhöhungen),
- Betriebshaftpflicht.

Empfehlenswerte weitere Versicherungen sind:
- Elektronikversicherung,
- Betriebsausstattungsversicherung,
- Versicherung bei strafrechtlichen Fällen.

Außerdem sollte man die folgenden Punkte bedenken:
- Erreichbarkeit auch bei Krankheit oder Urlaub,
  - Anrufweiterschaltung,
  - Telefonservice,
  - Anrufbeantworter,
- Personalbedarf,
  - ein Mitarbeiter (Vollzeit) bis zu 400 Wohnungs- oder Gewerbeeinheiten.

Aufbauorganisation

1. Bildung von Stellen
   - Alle Tätigkeiten werden analysiert und zu Tätigkeitspaketen zusammengefasst.
   - Tätigkeitspakete werden fachlich qualifizierten Mitarbeitern auch je nach Verantwortungs- und Entscheidungskompetenz und Sachmitteln zugeordnet.

2a. Mehrere Stellen = Abteilung
   - Bildung der Stelle eines Gruppen- oder Abteilungsleiters = Instanz

2b. Mehrere Stellen = Ausschüsse / Teams / Projekte = zeitlich begrenzt

Die o. g. Struktur bildet die Unternehmenshierarchie.

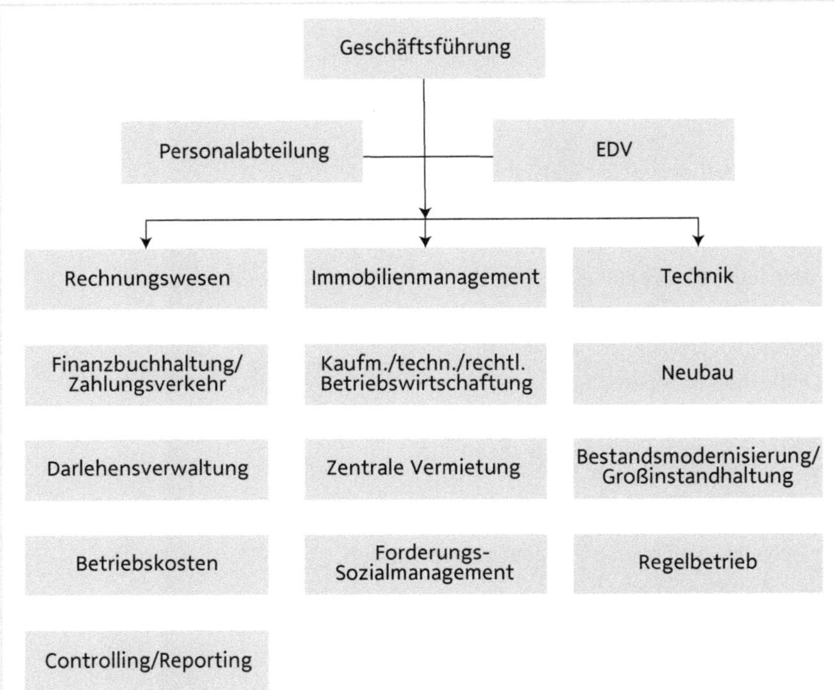

Abb. 1: Schematische Darstellung des Steuertarifs (Grundtarif) – ungefähre Darstellung

Organisation

Einliniensystem:

- nur ein direkter Vorgesetzter,
- klar abgegrenzte Kompetenzen,
- der Stelleninhaber hat nur begrenzte Entscheidungskompetenz (vorher genau festlegen).

Mehrliniensystem:

- manchmal mehrere Vorgesetzte (Hausmeister),
- die Zusammenarbeit richtet sich nach der Art der durchzuführenden Arbeiten,
- die Koordination der Arbeitsaufträge wird auf die Mitarbeiter verlagert,

- die Vorgesetzten werden dadurch entlastet,
- die Entscheidungswege verkürzen sich (werden flexibler).

Stabliniensystem:

Die o. g. Systeme können durch Stabsstellen erweitert werden. Das können Abteilungen, Gruppen oder einzelne Personen sein, die einer Instanz (z. B. einem Abteilungsleiter) zugeordnet sind. Stabsstellen

- arbeiten der Instanz zu (Informationen, Analyse, Controlling), damit diese Entscheidungen treffen kann,
- besitzen keine Weisungsbefugnis gegenüber den Linienstellen,
- entlasten die Instanz,
- erlauben es der Instanz, Entscheidungen sachlich fundierter zu treffen,
- können Entscheidungen durch ihre Informationen beeinflussen, ohne Verantwortung zu tragen.

Ablauforganisation

Gestaltung von Arbeitsabläufen im Hinblick auf:

- die Tätigkeit,
- die Arbeitszeit,
- den Arbeitsort,
- die Arbeitsmittel,
- die Zuordnung zu den einzelnen Stellen.

Beispiel: Wartung von Heizung/Rechnungseingang/Rechnungsprüfung !

- Vereinbarten Pauschalpreis für die Wartung mit der Rechnung vergleichen,
- eventuell Ersatzteile auf der Arbeitskarte mit der Rechnung vergleichen,
- Stückzahlen mit den Einzelpreisen multiplizieren,
- Umsatzsteuer rechnerisch überprüfen,
- Richtigkeit bestätigen,
- zur Anweisung freigeben.

Technische Büroausstattung

Der Vorteil gegenüber produzierenden Gewerben besteht darin, dass im Falle einer Hausverwaltung keine große Büroausstattung notwendig ist. So reicht es für den Anfang aus, wenn Sie über

- einen PC pro Mitarbeiter,
- einen Drucker (kann bei entsprechender Vernetzung von mehreren Mitarbeitern genutzt werden),
- ein Faxgerät (dessen Bedeutung jedoch aufgrund des E-Mail-Verkehrs immer mehr abnimmt),
- einen Fotokopierer,
- ein Telefon pro Mitarbeiter,
- eine E-Mail-/Bluetooth-Schnittstelle,
- einen Scanner,
- ein Laptop, Tablett, Handy

verfügen.

Ein leistungsstarker Drucker hilft Ihnen, Zeit zu sparen, eine Telefonflatrate senkt die Telefonkosten.

Bei mehreren PCs ist eine Vernetzung untereinander unverzichtbar.

Die PCs sollten mit einer Bürosoftware, einer guten Hausverwaltungssoftware und einem Internetanschluss ausgestattet sein.

Hausverwaltungssoftware

Eine gute Hausverwaltungssoftware ist unerlässlich und nimmt Ihnen viel Arbeit ab. Natürlich ist sie nicht gleich zu Beginn Ihrer Tätigkeit notwendig. Am Anfang können Sie Ihre Abrechnungen z. B. auch über Excel erstellen. Wollen Sie allerdings expandieren und professionell tätig sein, legen Sie sich besser gleich eine Software zu. Die meisten Hausverwaltungsprogramme können Sie als Demoversion aus dem Internet herunterladen. Nutzen Sie diese Möglichkeit und probieren Sie unterschiedliche Programme aus. Sind sie anwenderfreundlich und verständlich aufgebaut? Besitzt die Softwarefirma eine gute Hotline? Kostet die Nutzung der Hotline extra? Werden Schulungen angeboten? Ist das Programm auch als Mehrplatzversion einsetzbar?

Und zu guter Letzt: Was kostet die Software?

Es gibt Hausverwaltungsprogramme, die für große Hausverwaltungen sinnvoll sind und durchaus den Preis eines Pkws erreichen. Brauchen Sie so eine Software? Es gibt nämlich auch gute Programme unter 1.000 EUR.

Überlegen Sie insgesamt, was für eine Software Sie brauchen und prüfen und testen Sie die Programme vor dem Kauf ausgiebig. Schnell ist Geld ausgegeben, Sie haben viel Arbeit in die Eingabe der Stammdaten gesteckt und ärgern sich dann, wenn das Programm, das Sie sich zugelegt haben, nicht auf Ihre Tätigkeit zugeschnitten ist.

Hausverwaltungssoftware – Worauf müssen Sie achten?

- Anwenderfreundlich,
- verständlich und übersichtlich,
- gute Hotline vorhanden (Extrakosten?),
- Schulungen (auch vor Ort),
- Teamview möglich?,
- Mehrplatzversion,
- Maximalzahlen von zu verwaltenden Einheiten,
- Update (Preis?).

Das sollte eine gute Hausverwaltungssoftware heutzutage können:

- Einfache und doppelte Buchführung,
- Zahlungsverkehr,

Beispiel !

Selbstständiges Einbuchen aller immer wiederkehrenden Ein- und Ausgaben, Lastschriften und Überweisungen direkt von der Bank in Ihr Buchhaltungsprogramm. Sie müssen nicht mehr händisch buchen!

- Mahnwesen,
- Überwachen von Zahlungsterminen,
- Betriebs- und Heizkostenabrechnung,
- Erstellen von Guthaben und Nachzahlungen,
- Erstellen von Auswertungen und Kontrolllisten,
- Kautionsabrechnungen,
- Zählerverwaltung,
- Adressliste der Mieter,
- Belegungsliste der Einheiten,
- Bankverbindungslisten,
- Leerstandslisten,
- Rundschreiben,
- Mieterhöhungen,

- Dokumentenverwaltung,
- Datensicherung,
- Controlling-Instrumente,
- Verwaltung von Mehrhausanlagen,
- Verwaltung von Garagen/Stellplätzen,
- Facility Management,
- Mieterhöhungen,
- Ausweisen der haushaltsnahen Dienstleistungen,
- evtl. Drucklaufstraße,
- Ticketvergabe an Mieter und Handwerker/Versicherungen,
- usw.

3.2.2 Was bei der Einstellung von Mitarbeitern zu beachten ist

Sofern Sie im hausverwalterischen Bereich Unterstützung durch Mitarbeiter benötigen, denken Sie bitte daran, dass für jeden Arbeitnehmer mit wenigen Ausnahmen wie Auszubildende, bestimmte Praktikanten etc. ein gesetzlicher Mindestlohn in Höhe von 9,19 EUR gilt. Ausnahmen gelten für Unternehmen, die ihren Arbeitnehmern bereits einen allgemein verbindlichen Mindestlohn nach dem Arbeitnehmer-Entsendegesetz, dem Arbeitnehmerüberlassungsgesetz oder dem Tarifvertragsgesetz zahlen.

Für alle Minijobber und kurzfristig Beschäftigten müssen der Beginn, das Ende und die Dauer der täglichen Arbeitszeit aufgezeichnet und für mindestens zwei Jahre aufbewahrt werden. Diese Aufzeichnungen müssen spätestens bis zum Ablauf des siebten auf den Tag der Arbeitsleistung folgenden Kalendertags erfolgen.

! **Achtung**

Auch wenn Sie z. B. Putzfrauen, Gärtner etc. für Ihre einzelnen Objekte angestellt haben, gilt der Mindestlohn pro Stunde und die Aufzeichnung der Arbeitsleistung spätestens zum angegebenen Stichtag.

Einsatz von Fremdfirmen, Handwerkern etc.

Sorgfalt ist auch geboten, wenn Sie ein anderes Unternehmen mit Dienst- oder Werksleistungen beauftragen: Sie stehen in der Haftung, wenn das andere Unternehmen seinen Arbeitnehmern keinen gesetzlichen Mindestlohn zahlt. Ich empfehle Ihnen deshalb, sich von allen Subunternehmern und allen Auftragnehmern schriftlich bestätigen zu lassen, dass sie ihren Arbeitnehmern den Mindestlohn bezahlen.

Bitte beachten Sie diese Vorgaben. Die Einhaltung des Mindestlohns wird von der Zollverwaltung kontrolliert und Verstöße können mit hohen Geldbußen geahndet werden. Unternehmen, die gegen das Mindestlohngesetz verstoßen, können zudem von der Vergabe öffentlicher Aufträge ausgeschlossen werden.

Anmeldung von Mitarbeitern
Sämtliche Mitarbeiter müssen von Ihnen angemeldet werden.

Mitarbeiter auf Minijobbasis !

Melden Sie Ihre Mitarbeiter auf Minijobbasis bitte bei der Bundesknappschaft an. Sie ist Trägerin der sog. Minijobzentrale.

An die Bundesknappschaft sind pauschalisierte Lohnsteuern abzuführen. Sie belaufen sich zurzeit auf 30 Prozent und setzen sich zusammen aus:

- 13 Prozent Krankenversicherung,
- 15 Prozent Rentenversicherung,
- 2 Prozent Steuern.

Fällig ist die voraussichtliche Beitragsschuld bis spätestens zum drittletzten Bankarbeitstag des Monats, in dem die Beschäftigung ausgeübt wird. Sie benötigen hierzu eine achtstellige Betriebsnummer, die beim Betriebsnummernservice der Bundesagentur für Arbeit beantragt werden kann.

Befreiung von der Rentenversicherungspflicht
Manche Arbeitnehmer lassen sich von der Rentenversicherungspflicht befreien. Hierzu bedarf es eines Antrags des Arbeitnehmers.

Der Vorteil: Der Arbeitgeber zahlt keine 15 %-ige Pauschale für die Rentenversicherung.

Der Nachteil: Ihr Arbeitnehmer erwirbt keine vollen Leistungsansprüche aus der Rentenversicherung.

!

Achtung

Sie können Ihrer Pflicht zur pauschalisierten Lohnsteuerzahlung nicht entgehen, indem Sie mit Ihrem Mitarbeiter schriftlich vereinbaren, dass er die Pauschale selbst abführt. In einem solchen Fall kommt unter Umständen eine Anzeige wegen Steuerhinterziehung auf Sie zu und Sie müssen nachzahlen.

Berufsgenossenschaften

Die Berufsgenossenschaften sind die Träger der gesetzlichen Unfallversicherung für privatwirtschaftliche Unternehmen und deren Beschäftigte.

Sie haben die Aufgabe, Arbeitsunfälle, Berufskrankheiten und berufsbedingte Gesundheitsgefahren zu vermeiden. Mitarbeiter, die an einer Berufskrankheit leiden oder einen Unfall während ihrer beruflichen Tätigkeit erlitten haben, werden durch die Berufsgenossenschaften medizinisch, beruflich und sozial betreut. Außerdem gleichen die Berufsgenossenschaften die Folgen der Berufskrankheit bzw. des Arbeitsunfalls durch finanzielle Mittel aus.

Wir Hausverwalter sind Pflichtmitglieder bei diesem Sozialversicherungsträger und finanzieren durch unsere Mitgliedsbeiträge die o. g. Absicherungen unserer Mitarbeiter. Das heißt:Wir müssen unsere Verwaltung bei der Berufsgenossenschaft anmelden und dabei z. B. auch die Anzahl der Beschäftigten angeben.

Angestellte Mitarbeiter

Angestellte Mitarbeiter sind bei einer Krankenkasse gemeldet. Lassen Sie sich die Mitgliedsbescheinigung zeigen und informieren Sie die zuständige Krankenkasse, seit wann der Mitarbeiter bei Ihnen tätig ist und wie hoch sein Gehalt ist.

Die Beiträge zur gesetzlichen Sozialversicherung belaufen sich auf:

ARBEITS-HILFE ONLINE

Beiträge zur gesetzlichen Sozialversicherung

18,60 %	**(AG-Anteil 9,30 %)**	**Rentenversicherung**
2,5 %	(AG-Anteil 1,25 %)	Arbeitslosenversicherung

14,60 % + Zusatzbeitrag	(AG-Anteil 7,30 %)	Krankenversicherung, allgemeiner Satz
14,00 % + Zusatzbeitrag	(AG-Anteil 7,00 %)	Krankenversicherung, ermäßigter Satz
3,05 %	(AG-Anteil 1,525 %)	Pflegeversicherung
0,25 %	(alleine vom Arbeitnehmer zu tragen)	Zuschlag für Kinderlose über 23 Jahre in der Pflegeversicherung

Zusätzlich zahlt der Arbeitgeber eine Umlage in Höhe von rund 2,25 für Lohnfortzahlungen im Krankheitsfall etc. Dafür erhalten Sie von der Krankenkasse eine Erstattung von 60 bis 80 Prozent des Lohns im Krankheitsfall Ihres Mitarbeiters.

Lassen Sie sich die folgenden Personalbögen (Muster) für Vollzeit- und Teilzeitkräfte bzw. für geringfügig Beschäftigte von Ihren Mitarbeitern ausfüllen. Damit haben Sie alle Angaben zu Ihren Mitarbeitern, die Sie benötigen.

Personalbogen für Vollzeit-/Teilzeitkräfte

ARBEITS-HILFE ONLINE

Ohne vollständige Angaben und die geforderten Nachweise ist eine Abrechnung nicht möglich!

Arbeitgeber ______________________________

Personendaten:

Name ______________________________

Geburtsname ______________________________

Vorname ______________________________

Derzeitiger Wohnort – Straße ______________________________

PLZ – Wohnort ______________________________

Telefonnr./Handynr.	______________
Geburtsdatum	______________
Geburtsort (bei Ausland auch Geburtsland)	______________
Staatsangehörigkeit	______________
Familienstand und Konfession	______________
Anzahl Kinder (altersunabhängig)	______________
Sozialversicherungsnr. (**nicht** die Krankenversichertennr.)	______________
Identifikationsnr.	______________

Höchster Schulabschluss

- ohne
- Hauptschule
- Mittlere Reife oder gleichw. Abschluss
- Abitur oder Fachabitur

Abschluss/anerkannte Berufsausbildung

- ohne Ausbildungsabschluss
- Abschluss einer anerkannten Ausbildung
- Meister/Techniker/gleichw. Abschluss
- Bachelor
- Diplom/Magister/Master/Staatsexamen
- Promotion

Bankverbindung:

IBAN	______________
BIC	______________
Name der Bank	______________

Daten zur Beschäftigung:

Beginn und Befristung der Beschäftigung ______________________

Art der Tätigkeit ______________________

Vereinbartes Gehalt bzw. Std.-Lohn

Bei Monatsgehalt zwischen 400,01 EUR bis 800,00 EUR:

Ich nehme die Gleitzonenregelung in Anspruch ja/nein

Wöchentliche Arbeitszeit ______________________

Bei Teilzeit:

an welchen Tagen/wie viele Stunden? ______________________

Urlaubsanspruch ______________________

Sonstige Leistungen vom Arbeitgeber:

Vermögenswerte Leistungen ______________________

(Verträge bzw. Antrag beifügen) ______________________

Betriebliche Altersvorsorge ______________________

(Verträge beifügen) ______________________

Kindergartenbeitrag

(Vertrag Kindergarten, Tagesmutter etc. beifügen)

Fahrtkostenerstattung: ______________________

Derzeitige Entfernung Wohnung/Arbeitsstätte ______________________

Angaben zur Krankenversicherung:

Ich bin als Mitglied versichert bei ______________________

Ich bin als Familienmitglied versichert bei ______________________

Ich bin privat versichert bei ______________________

Mitgliedsbescheinigung der Krankenkasse beifügen

Nachweis für Pflegeversicherung:

Ich habe ein Kind/Stiefkind/Adoptivkind ja/nein

Nachweis durch Geburtsurkunde bzw. Heiratsurkunde und Geburtsurkunde bei Stiefkindern beifügen

Ausländische Arbeitnehmer:

Vorlage folgender Unterlagen:

Bei Angehörigen der EU-Mitgliedstaaten: besondere Aufenthaltserlaubnis für Angehörige eines Mitgliedstaates der EU

Bei anderen ausländischen Mitarbeitern: **unbefristete** Aufenthaltserlaubnis oder Aufenthaltsberechtigung und Arbeitsgenehmigung

Bestätigung

Der Arbeitnehmer versichert ausdrücklich, dass er:

derzeit keiner weiteren Beschäftigung als der oben angegebenen nachgeht.

Ein weiteres Arbeitsverhältnis besteht (auch Aushilfstätigkeiten sind anzugeben):

Name und Anschrift der Firma: ______________________________

Der Arbeitnehmer verpflichtet sich, die Aufnahme bzw. Beendigung einer weiteren Beschäftigung oder Nebenbeschäftigung (sog. 450-Euro-Job) dem Arbeitgeber unverzüglich mitzuteilen.

____

Datum und Unterschrift des Beschäftigten

Geringfügig Beschäftigte

Personalbogen für geringfügig Beschäftigte

ARBEITS-
HILFE
ONLINE

Ohne vollständige Angaben und die geforderten Nachweise ist eine Abrechnung nicht möglich!

Beschäftigt bei ______________________

Personendaten:

Name/Geburtsname	______________________
Vorname	______________________
Derzeitiger Wohnort – Straße	______________________
PLZ – Wohnort	______________________
Telefonnr./Handynr.	______________________
Geburtsdatum	______________________
Geburtsort (bei Ausland auch Geburtsland)	______________________
Staatsangehörigkeit	______________________
Familienstand	______________________
Sozialversicherungsnr. (**nicht** die Krankenversichertennr.)	______________________
Krankenversichert bei	______________________
Identifikationsnr.	______________________
Steuerklasse	______________________
Religionszugehörigkeit (Konfession)	______________________

Höchster Schulabschluss

- ohne
- Hauptschule

	• Mittlere Reife oder gleichw. Abschluss • Abitur oder Fachabitur
Abschluss/anerkannte Berufsausbildung	• ohne Ausbildungsabschluss • Abschluss einer anerkannten Ausbildung • Meister/Techniker/gleichw. Abschluss • Bachelor • Diplom/Magister/Master/Staatsexamen • Promotion

Bankverbindung:

IBAN	______________________
BIC	______________________
Name der Bank	______________________

Daten zur Beschäftigung:

Beginn und Befristung der Beschäftigung	______________________
Art der Tätigkeit	______________________
Gehalt bzw. Std.-Lohn	______________________
Wöchentliche Arbeitszeit	______________________
An welchen Wochentagen/wie viele Stunden?	______________________

Status bei Beginn der Beschäftigung: (bitte ankreuzen)

- Schülerin/Schüler
- Studentin/Student (bitte Studienbescheinigung einreichen)

- Arbeitslose/Arbeitsloser
- Sozialhilfeempfängerin/Sozialhilfeempfänger
- Selbstständige/Selbstständiger
- Studienbewerberin/Studienbewerber
- Wehr-/Zivildienstleistender
- Beamtin/Beamter
- Hausfrau/Hausmann
- Arbeitnehmerin/Arbeitnehmer in der Elternzeit
- Arbeitnehmerin/Arbeitnehmer
- Rentner
- Sonstige:

Bei ausländischen Arbeitnehmern sind folgende Unterlagen unverzüglich einzureichen:

Bei Angehörigen der EU-Mitgliedstaaten: besondere Aufenthaltserlaubnis für Angehörige eines Mitgliedstaates der EU

Alle anderen ausländischen Mitarbeiter: Arbeitsgenehmigung oder unbefristete Aufenthaltserlaubnis oder Aufenthaltsberechtigung

Rentenversicherung:

Bitte lesen Sie hierzu die Anlage. Die Anlage ist zwingend auszufüllen, zu unterschreiben und zusammen mit dem Personalfragebogen einzureichen.

Weitere Beschäftigungen

Es besteht/bestehen derzeit ein bzw. mehrere Beschäftigungsverhältnis(se) bei einem bzw. weiteren Arbeitgeber(n) ja/nein

Falls ja:

Derzeit bestehende nachstehend aufgeführte Beschäftigungen:

Beschäftigungsbeginn	Arbeitgeber/ Adresse	Bruttoverdienst	Beschäftigung
1		EUR	Aushilfe
(s. Anm.)		entfällt	Teil-/Vollzeit
2		EUR	Aushilfe
(s. Anm.)		entfällt	Teil-/Vollzeit

Der Arbeitnehmer versichert ausdrücklich, dass er derzeit keiner weiteren Nebenbeschäftigung als der oben angegebenen nachgeht. Er verpflichtet sich, jede weitere Aufnahme einer Nebenbeschäftigung dem Arbeitgeber unverzüglich mitzuteilen.

Datum und Unterschrift

Arbeitnehmer/in

ARBEITSHILFE ONLINE

Bestätigungen des Arbeitnehmers

Mir ist bekannt, dass

1. ich neben einer **sozialversicherungspflichtigen** Hauptbeschäftigung nur **ein** Arbeitsverhältnis als geringfügig Beschäftige/r bei einem anderen Arbeitgeber eingehen darf, auch wenn die Addition der Entgelte aus allen Nebenbeschäftigungen weniger als 450 EUR ergeben würde.
2. bei fehlender sozialversicherungspflichtiger Hauptbeschäftigung die Addition der Entgelte aus allen Nebenbeschäftigungen nicht mehr als 450 EUR betragen darf.
3. bei Übersteigen der 450-Euro-Grenze der Arbeitgeber mich hinsichtlich der Sozialversicherungsbeiträge (Arbeitgeber- und Arbeitnehmeranteile) in Haftung nehmen kann, wenn das Beschäftigungsverhältnis nachträglich zu einer sozialversicherungspflichtigen Beschäftigung umqualifiziert wird.
4. ich die Anlage zum Personalbogen zur Kenntnis genommen habe und der Arbeitgeber damit seinen Verpflichtungen auf die Belehrungen nachgekommen ist.

Datum und Unterschrift

Arbeitnehmer/in

Wichtig !

Lassen Sie auch einen geringfügig Beschäftigten die Bestätigung des Arbeitnehmers unterzeichnen. Sollte der Mitarbeiter von der Rentenversicherungspflicht befreit werden wollen, finden Sie den entsprechenden Antrag im folgenden Unterkapitel.

Was bedeutet die Befreiung von der Rentenversicherungspflicht?

Mitarbeiter, die bei Ihnen einem 450 EUR Minijob nachgehen (geringfügig entlohnte Beschäftigte), unterliegen grundsätzlich der Versicherungs- und vollen Beitragspflicht in der gesetzlichen Rentenversicherung. Der Rentenversicherungsanteil für Ihren Mitarbeiter beläuft sich auf 3,9 Prozent des Gehalts und den 18,9 %-igen Rentenversicherungsbeitrag. Das Gehalt/der Arbeitslohn muss jedoch mindestens 175 EUR betragen, damit der Rentenversicherungsbeitrag von Ihnen zu zahlen ist.

Für Ihren Mitarbeiter ergibt sich der Vorteil, dass er durch die Versicherungspflicht Pflichtbeitragszeiten erwirbt. Diese sind z. B. die Voraussetzung für

- einen früheren Rentenbeginn,
- Ansprüche auf Leistungen zur Rehabilitation (sowohl im medizinischen Bereich als auch im Arbeitsleben),
- einen Anspruch auf Übergangsgeld bei Rehabilitationsmaßnahmen der gesetzlichen Rentenversicherung,
- die Erfüllung der Zugangsvoraussetzungen für eine private Altersvorsorge mit staatlicher Förderung (z. B. die sog. Riester-Rente) für den Arbeitnehmer und gegebenenfalls sogar den Ehepartner.

Darüber hinaus wird das Arbeitsentgelt nicht nur anteilig, sondern in voller Höhe bei der Berechnung der Rente berücksichtigt.

Sollte Ihr Mitarbeiter davon keinen Gebrauch machen wollen, muss er sich befreien lassen. Bitte machen Sie ihn unbedingt darauf aufmerksam. Er muss Ihnen dann schriftlich mitteilen, dass er die Befreiung von der Versicherungspflicht in der Rentenversicherung wünscht.

Übt Ihr Mitarbeiter mehrere geringfügig entlohnte Beschäftigungen aus, gilt der Antrag automatisch für alle Beschäftigungsverhältnisse. Ihr Mitarbeiter hat die Pflicht, die Befreiung von der Versicherungspflicht allen Arbeitgebern mitzuteilen. Die Befreiung kann nicht wiederrufen werden. Sie gilt, solange das Beschäftigungsverhältnis andauert.

Die Befreiung gilt ab dem Beginn des Kalendermonats, in dem sie bei Ihnen eingeht, frühestens jedoch ab dem Beschäftigungsbeginn.

Bitte beachten Sie: Die Voraussetzung ist, dass Sie die Befreiung der Minijobzentrale bis zur nächsten Entgeltabrechnung, spätestens aber innerhalb von sechs Wochen nach Beschäftigungsbeginn, mitteilen.

ARBEITS-
HILFE
ONLINE

Antrag auf Befreiung von der Rentenversicherungspflicht bei einer geringfügig entlohnten Beschäftigung nach § 6 Absatz 1b Sozialgesetzbuch sechstes Buch (SGB VI))

Arbeitnehmer

Name, Vorname: ______________________________

Rentenversicherungs-Nr.: ______________________________

Bitte ankreuzen

- Ich beantrage **nicht** die Befreiung von der Rentenversicherungspflicht
- Ich beantrage die Befreiung von der Rentenversicherungspflicht

Die Befreiung wird beantragt ab dem:

Hiermit beantrage ich die Befreiung von der Versicherungspflicht in der Rentenversicherung im Rahmen meiner geringfügig entlohnten Beschäftigung und verzichte damit auf den Erwerb von Pflichtbeitragszeiten.

Ich habe die Hinweise auf dem »Merkblatt über die möglichen Folgen einer Befreiung von der Rentenversicherungspflicht« zur Kenntnis genommen.

Mir ist bekannt, dass der Befreiungsantrag für alle von mir zeitgleich ausgeübten geringfügig entlohnten Beschäftigungen gilt und für die Dauer der Beschäftigungen bindend ist; eine Rücknahme ist nicht möglich.

Ich verpflichte mich, alle weiteren Arbeitgeber, bei denen ich eine geringfügig entlohnte Beschäftigung ausübe, über diesen Befreiungsantrag zu informieren.

______________________ ______________________________

(Ort, Datum) (Unterschrift des Arbeitnehmers)

Arbeitgeber

Der Befreiungsantrag ist eingegangen am:

(Ort, Datum)	(Unterschrift des Arbeitgebers)

Datenschutz

Der Datenschutz ist ein sehr wichtiges und nicht zu unterschätzendes Thema für uns Mietverwalter, da gerade wir es mit vielen, äußerst privaten Daten unserer Mieter und Mietinteressenten zu tun haben. Denken Sie nur an die Bonitätsüberprüfung und die Gehaltsabrechnungen und Selbstauskünfte, die wir von Mietinteressenten einfordern. Und oft genug werden wir von Dritten angerufen, die wissen wollen, ob ein Mieter noch in unserer Liegenschaft wohnt.

Praxis-Beispiel !

Ein Anrufer, der Ihnen mitteilt, er sei ein Gerichtsvollzieher, möchte wissen, ob Frau Meier neu in Ihrer Liegenschaft eingezogen ist. Er könne ihr Namensschild weder am Briefkasten noch an der Klingel finden. In Wirklichkeit ist es der ehemalige Lebenspartner von Frau Meier, der ihr Auto vor dem Objekt gesehen hat.

Seien Sie bitte vorsichtig mit Ihren Auskünften. Nach § 5 des Datenschutzgesetzes sind Sie zur Wahrung des Datengeheimnisses verpflichtet. Das gilt aber nicht nur für Sie selbst, sondern auch für die Mitarbeiter in Ihrer Verwaltung. Nutzen Sie deshalb in Ihrem eigenen Interesse die folgende Verpflichtungserklärung und das Merkblatt zur Verpflichtungserklärung vom bfdi.bund für Ihre Mitarbeiter.

ARBEITSHILFE ONLINE

Verpflichtungserklärung nach § 5 des Bundesdatenschutzgesetzes (BDSG) zur Wahrung des Datengeheimnisses

____

Name der verantwortlichen Stelle

Sehr geehrte(r) Frau/Herr

aufgrund Ihrer Aufgabenstellung verpflichte ich Sie auf die Wahrung des Datengeheimnisses nach § 5 BDSG. Es ist Ihnen nach dieser Vorschrift untersagt, unbefugt personenbezogene Daten zu erheben, zu verarbeiten oder zu nutzen.

Diese Verpflichtung besteht auch nach Beendigung Ihrer Tätigkeit fort.

Verstöße gegen das Datengeheimnis können nach §§ 44, 43 Absatz 2 BDSG sowie nach anderen Strafvorschriften mit Freiheits- oder Geldstrafe geahndet werden.

In der Verletzung des Datengeheimnisses kann zugleich eine Verletzung arbeits- oder dienstrechtlicher Schweigepflichten liegen.

Eine unterschriebene Zweitschrift dieses Schreibens reichen Sie bitte an die Personalabteilung zurück.

____

Ort, Datum Unterschrift der verantwortlichen Stelle

Über die Verpflichtung auf das Datengeheimnis und die sich daraus ergebenden Verhaltensweisen wurde ich unterrichtet. Das Merkblatt zur Verpflichtungserklärung (Texte der §§ 5, 43 Absatz 2, 44 BDSG) habe ich erhalten.

____

Ort, Datum Unterschrift des Verpflichteten

ARBEITS-
HILFE
ONLINE

Merkblatt zur Verpflichtungserklärung

§ 5 BDSG – Datengeheimnis

Den bei der Datenverarbeitung beschäftigten Personen ist untersagt, personenbezogene Daten unbefugt zu erheben, zu verarbeiten oder zu nutzen (Datengeheimnis). Diese Personen sind, soweit sie bei nicht öffentlichen Stellen beschäftigt werden, bei der Aufnahme ihrer Tätigkeit auf das Datengeheimnis zu verpflichten. Das Datengeheimnis besteht auch nach Beendigung ihrer Tätigkeit fort.

§ 43 Absatz 2 BDSG – Bußgeldvorschriften

Ordnungswidrig handelt, wer vorsätzlich oder fahrlässig

1. unbefugt personenbezogene Daten, die nicht allgemein zugänglich sind, erhebt oder verarbeitet,
2. unbefugt personenbezogene Daten, die nicht allgemein zugänglich sind, zum Abruf mittels automatisierten Verfahrens bereithält,
3. unbefugt personenbezogene Daten, die nicht allgemein zugänglich sind, abruft oder sich oder einem anderen aus automatisierten Verarbeitungen oder nicht automatisierten Dateien verschafft,
4. die Übermittlung von personenbezogenen Daten, die nicht allgemein zugänglich sind, durch unrichtige Angaben erschleicht,
5. entgegen § 16 Abs. 4 Satz 1, § 28 Abs. 5 Satz 1 auch in Verbindung mit § 29 Abs. 4, § 39 Abs. 1 Satz 1 oder § 40 Abs. 1 die übermittelten Daten für andere Zwecke nutzt,
6. 5a. entgegen § 28 Abs. 3b den Abschluss eines Vertrages von der Einwilligung des Betroffenen abhängig macht,
7. 5b. entgegen § 28 Abs. 4 Satz 1 Daten für Zwecke der Werbung oder der Markt- oder Meinungsforschung verarbeitet oder nutzt,
8. entgegen § 30 Abs. 1 Satz 2, § 30a Abs. 3 Satz 3 oder § 40 Abs. 2 Satz 3 ein dort genanntes Merkmal mit einer Einzelangabe zusammenführt oder
9. entgegen § 42a Satz 1 eine Mitteilung nicht, nicht richtig, nicht vollständig oder nicht
10. rechtzeitig macht.

§ 44 BDSG – Strafvorschriften

(1) Wer eine in § 43 Abs. 2 bezeichnete vorsätzliche Handlung gegen Entgelt oder in der Absicht, sich oder einen anderen zu bereichern oder einen anderen zu schädigen, begeht, wird mit Freiheitsstrafe bis zu zwei Jahren oder mit Geldstrafe bestraft.

(2) Die Tat wird nur auf Antrag verfolgt. Antragsberechtigt sind der Betroffene, die verantwortliche Stelle, der Bundesbeauftragte für den Datenschutz und die Aufsichtsbehörde.

3.2.3 Büroorganisation und Zeitmanagement

Nun wenden wir uns dem Thema »Ablage« und den Arbeitshilfen zu und tätigen einen kleinen Ausflug in das Thema »Zeitmanagement«. Denn Sie wissen ja: Zeit ist Geld.

3.2.3.1 Ablage und Arbeitshilfen

Um Ihnen die verwalterische Arbeit und die Ablage zu erleichtern, stehen Ihnen die folgenden Materialien zur Verfügung:

- Stammdatenordner,
- Buchhaltungsordner,
- Hängeregistraturhefter,
- Telefongesprächsbuch (oder Anrufe direkt im PC erfassen),

Papierloses Arbeiten durch elektronische Datenerfassung ist natürlich ebenfalls möglich (Scan).

Jede Liegenschaft besitzt mindestens einen Stammdatenordner. Er ist mit einer Inhaltsangabe und einem Nummernregister ausgestattet. Hier lassen sich allgemeine Unterlagen des Gebäudes abheften wie z. B.

- Pläne,
- Verträge mit Dienstleistern (z. B. Hausmeister, Ablesedienste etc.),
- Versicherungen,
- Wartungsverträge (Heizung, Aufzug etc.),
- Korrespondenz (Handwerker, Dritte, jedoch nicht mit Mietern),
- vorbereitende Unterlagen für die Abrechnungen,
- Zählerstände,
- Abrechnung der Ablesedienste.

Der Ordner besitzt jahresübergreifend immer die gleiche Farbe. Sollte er voll sein, wird ein Ordner Nummer 2 in der gleichen Farbe gewählt und das Nummernregister gesplittet.

Weiterhin benötigen Sie einen Buchhaltungsordner. In ihm werden Kontoauszüge, Rechnungen und allgemeine Buchhaltungsunterlagen abgeheftet. Sie wissen ja: keine Buchung ohne Beleg. Der Ordner erhält jedes Jahr eine andere Farbe. Auf diese Weise lassen sich die Ordner schnell nach Jahren unterscheiden und Sie sparen Zeit.

Angelegenheiten, die die Mieter betreffen, wie z. B.

- Mietverträge,
- Mieterhöhungen,
- Betriebskostenanpassungen und
- die Korrespondenz mit Mietern

werden in Hängeregistraturheftern abgeheftet. So brauchen Sie nicht immer einen großen Ordner mitzunehmen oder die Blätter umzuheften, wenn Sie einen Termin mit Ihrem Mieter wahrnehmen.

Tipp !

Ich empfehle Ihnen, die Reiter auf den Heftern mit verschiedenfarbigen Schildern zu versehen. Jedes Objekt erhält eine eigene Farbe, damit Sie nicht lange suchen müssen.

Sie können die Unterlagen natürlich auch einscannen und auf Ihr Handy, Tablett etc. ziehen. Der Vorteil ist, dass Sie nicht mehrere Ordner und Hängeregistraturmappen »mitschleppen« müssen. Ihr Rücken wird es Ihnen danken.

Generell sind Buchhaltungen, Korrespondenzen etc. zehn Jahre aufzubewahren. Wichtige Unterlagen wie Pläne natürlich länger als zehn Jahre.

Unerlässlich ist der Einsatz eines Telefongesprächsbuchs (Kladde). Um eine »Zettelwirtschaft« zu vermeiden, werden alle eingehenden Telefonate notiert. Hierbei notieren Sie den Namen des Anrufers, die Liegenschaft, die Telefonnummer, den Grund des Anrufs und das Datum. Nach der Bearbeitung des Anrufs schreiben Sie das Datum der Erledigung dazu. So kann auch noch nach Jahren jeder Anruf nachvollzogen werden. Dieses Vorgehen dient auch der Eigensicherung.

Selbstverständlich können Sie auch sofort alles in Ihr Softwareprogramm eingeben. Sofern Sie eine geeignete Telefonanlage haben, können Sie deren Software mit der Software Ihres Hausverwaltungsprogramms verknüpfen.

Beispiel !

Sofern nun Ihr Eigentümer/Mieter anruft, öffnet sich sofort seine Maske in der Hausverwaltungssoftware. Sie können seine Mitteilung dann direkt in die »elektronische Karteikarte« eingeben.

Wenn Sie dann noch mit einem Head-Set per Funk arbeiten, haben Sie beide Hände frei, um Notizen in den PC einzugeben. Bitte entscheiden Sie sich für ein Funk-Head-Set. Dann brauchen Sie, falls Sie z.B. einen Ordner aus einem Regal entnehmen müssen, das Gespräch nicht zu unterbrechen. Bei einem Kabel-Head-Set ließe sich das nicht vermeiden, weil Sie es ablegen müssten, um mit dem Ordner hantieren zu können.

Im Fall von Versicherungsschäden oder Mängelanzeigen vergibt die Software auch sofort eine Bearbeitungsnummer für den Anrufer.

Ebenfalls zur Eigensicherung sollten Sie ein Postausgangsbuch führen, in dem Sie den Empfänger, das Ausgangsdatum und einen Kurzvermerk über den Inhalt angeben.

!

Tipp

Eine To-do-Liste, die zu Beginn des Arbeitstags nach Prioritäten erstellt wird, hilft Ihnen dabei, den Überblick nicht zu verlieren. Notieren Sie sich hier 70 Prozent der Tätigkeiten des Tages, die restlichen 30 Prozent werden für noch nicht vorhersehbare Dinge reserviert. Am Ende des Tages streichen Sie die erledigten Tätigkeiten rot durch. Dann wissen Sie, welche Arbeiten am nächsten Tag noch zu erledigen sind.

Paretoprinzip im Zeitmanagement

Das Paretoprinzip besagt, dass für 80 Prozent der Arbeit nur 20 Prozent der Zeit benötigt werden. Die restlichen Details und Feinarbeiten benötigen mehr Zeit. Konzentrieren Sie sich daher bitte erst auf die Kernaufgaben eines Projekts. Lernen Sie, minderwichtige Aufgaben zu delegieren oder zu verschieben.

Perfektionierung ist oft unwirtschaftlich, weil viele Aufgaben nur eine 80 %-ige Bearbeitung benötigen. Geraten Sie deshalb bitte nicht in Panik, wenn etwas nicht perfekt ist.

3.2.3.2 Versicherung des Hausverwalters

Als Nächstes behandeln wir das Thema »Versicherungen«. Sollte Ihnen doch einmal ein Fehler passieren, können Ihnen einige der nachstehenden Versicherungen von Nutzen sein.

Übrigens: Wenn wir keine Fehler machen würden, gäbe es keine Haftpflichtversicherungen, weniger Rechtsanwälte und Richter! Denken Sie daran, wenn Sie einen Fehler gemacht haben – Sie kurbeln damit u. U. die Wirtschaft an!

Ein Verwalter sollte mindestens über eine Betriebshaftpflicht, eine Vermögensschadensversicherung und eine Vertrauensschadensversicherung verfügen.

Die wichtigsten Versicherungen im Überblick

ARBEITSHILFE ONLINE

- Betriebshaftpflichtversicherung
  Die Betriebshaftpflichtversicherung haftet z. B., wenn Sie vergessen haben, einen Winterdienst zu beauftragen, und ein Passant auf dem Gehweg Ihres Objekts ausrutscht.
- Vermögensschadenshaftpflichtversicherung
  Die Vermögensschadenshaftpflichtversicherung haftet, falls dem Eigentümer ein finanzieller Schaden entsteht, weil Sie vergessen haben, Mieterhöhungen durchzuführen.
- Vertrauensschadensversicherung
  Mit der Vertrauensschadensversicherung schützen Sie sich bei vorsätzlichen Schäden durch Ihre Mitarbeiter, z. B. bei Diebstahl, Unterschlagung, Computerbetrug durch Hacker (Mitarbeiter).
- Elektronikversicherung
  Eine Elektronikversicherung deckt Schäden an Computer- und Telefonanlagen, Faxgeräten etc. ab, die durch unsachgemäße Handhabung, Kurzschluss oder Nässeschäden entstehen.
- Betriebsunterbrechungsversicherung
  Durch Gefahren wie Leitungswasser, Feuer, Einbruchdiebstahl o. ä. Schäden sind Sie oft nicht mehr in der Lage, Ihren Geschäftsbetrieb aufrechtzuerhalten. Trotzdem müssen die laufenden Kosten für Mieten und Gehälter gedeckt werden. Der entgangene Gewinn und auch die entstandenen Kosten werden über die Betriebsunterbrechungsversicherung abgedeckt.
- Inventarversicherung
  Die Inventarversicherung deckt Schäden durch Feuer, Leitungswasser, Frost, Rohrbruch, Sturm, Hagel, Einbruchdiebstahl an technischer und kaufmännischer Einrichtung, auch an Akten, Plänen und Kautionssparbüchern ab. Sie greift eventuell auch für Digitalisierungsschäden.
- Einbruchdiebstahlversicherung
  Von einer Einbruchdiebstahlversicherung werden Schäden erstattet, die durch den Diebstahl, die Zerstörung und/oder Beschädigung von versicherten Gegenständen bei einem Einbruch entstehen.

Checkliste: Versicherungsfälle

ARBEITSHILFE ONLINE

Bei den Arbeitshilfen online finden Sie eine Checkliste für Versicherungsfälle als Download.

3.2.3.3 Erreichbarkeit

Nun widmen wir uns dem Thema »Erreichbarkeit«. Sie wissen ja: Wir haben als Mietverwalter 24 Stunden am Tag in unserem Büro erreichbar zu sein, sämtliche Arbeiten von Handwerkern persönlich in den Objekten abzunehmen, täglich eine Mieterversammlung vor Ort abzuhalten, um auf die Wünsche der Mieter einzugehen, mindestens 30 Jahre Erfahrung zu haben, aber nicht älter als 28 Jahre zu sein (damit wir noch belastbar sind)!

Unabhängig davon meinen unsere Mieter und leider auch viele Eigentümer, wir würden den ganzen Tag nur Kaffee trinken, Kuchen essen, ein paar Telefonate führen und dann zum Golfen fahren und wären nie zu erreichen.

So fragte mich vor Jahren eine ältere Mieterin, warum ich nicht immer erreichbar wäre, es könne ja auch einmal brennen.

Hier meine Tipps dazu:

! **Tipp**

Durch die Vielseitigkeit der hausverwalterischen Tätigkeit gelingt es dem Inhaber einer kleineren Hausverwaltung nicht immer, telefonisch im Büro erreichbar zu sein. Sehr oft sind Außentermine wahrzunehmen. Sollte es auch bei Ihnen so sein, bietet es sich an, vormittags im Büro anwesend zu sein und bei Terminen außerhalb des Büros eine Anrufweiterleitung zu aktivieren oder einen Telefonservice zu beauftragen, eingehende Gespräche entgegenzunehmen.
Der Telefonservice berechnet eine monatliche Grundgebühr und eine Pauschale nach Gesprächen. Die Mitarbeiter melden sich mit Ihrem Firmennamen und arbeiten professionell, indem Sie den Namen, den Grund des Anrufs und die Telefonnummer per E-Mail, Fax oder SMS an Sie weiterleiten.
Als Dienstleistungsunternehmen haben Sie auch während Ihres Urlaubs oder bei Krankheit zu gewährleisten, dass eine ordnungsgemäße Verwaltung durchgeführt wird.
Außerhalb Ihrer Bürozeiten bedienen Sie sich des Anrufbeantworters.

! **Tipp**

Bitte erstellen Sie eine Notrufliste der wichtigsten Handwerker, die einerseits Notdienst an Wochenenden und Feiertagen haben und andererseits das Objekt z. B. aufgrund von Wartungs- und Reparaturarbeiten kennen. Diese Liste sollte auf jeden Fall einen

- Heizungs- und Sanitärfachmann,
- Elektroinstallateur,
- Dachdecker,
- Schlüsseldienst,
- Hausmeister

enthalten.

Hängen Sie sie im Treppenhaus Ihres Objekts auf und/oder fügen Sie sie beim Vertragsabschluss dem Mietvertrag bei. So haften Sie nicht, wenn Sie im Notfall nicht erreichbar sind.

Exemplarische Handwerkerliste

Bei den Arbeitshilfen online finden Sie eine exemplarische Handwerkerliste als Download.

ARBEITS-HILFE ONLINE

3.2.3.4 Personalbedarf

Die Antwort auf die Frage nach der Höhe des Personalbedarfs Ihrer Mietverwaltung ergibt sich aus der Gesamtzahl der verwalteten Wohnungen, Gewerbeeinheiten und deren Entfernung zum Sitz des Büros.

Als Faustformel kann gelten: pro Vollzeitmitarbeiter 300 Einheiten.

3.2.3.5 Betriebswirtschaftliche Faktoren in der Mietverwaltung

Ihre eigene Verwaltung muss am Gesichtspunkt der Effizienz ausgerichtet werden. Nur so gelingt es Ihnen, wettbewerbsfähig zu bleiben, das Unternehmen zu vergrößern und Erträge zu erzielen.

3.2.3.5.1 Betriebswirtschaftliche Faktoren einer Hausverwaltung

Mithilfe der folgenden Faktoren können Sie eine Entscheidung über mehrere Jahre betrachten und die eigene wirtschaftliche Situation mit anderen Unternehmen vergleichen, z. B., wie viele Mitarbeiter Sie im Vergleich zu anderen Verwaltungen für Ihre Einheiten benötigen.

Durchschnittliche Objektgröße
Oft fällt in Verwaltungsobjekten die gleiche Anzahl von immer wiederkehrenden Arbeiten mit ähnlich großem Arbeitsaufwand an, unabhängig von der Größe der Liegenschaft, z. B. Angebotseinholungen, Mieterabrechnungen, Rundschreiben, Mahnungen.

Daher sind größere Objekte wirtschaftlich interessanter als kleinere Einheiten. Sollten Ihnen jedoch größere Objekte gekündigt werden, ist der wirtschaftliche Verlust erheblich größer als bei der Kündigung einer kleineren Liegenschaft. Unter Umständen müssen Sie Personal einsparen.

Ein Verwalter sollte daher immer darum bemüht sein, den von ihm verwalteten Bestand im Laufe der Jahre zu vergrößern.

Personalaufwand pro Objekt
Je nach fachlicher Kompetenz, technischer Ausstattung und Einsatz von EDV und Hausverwaltungssoftware sollten sich die bearbeiteten Einheiten zwischen 300 bis 500 Einheiten pro Vollzeitmitarbeiter bewegen.

Monatlicher Zeitaufwand pro Objekt
Leider gibt es Objekte, die mehr Aufwand und Ärger verursachen, als Sie kalkuliert haben. Das merken Sie sehr schnell. Dadurch werden mehr Personal- und Zeitressourcen als geplant gebunden. Sofern es sich nicht um einen kurzfristig erhöhten Arbeitseinsatz handelt, sollten Sie prüfen, ob das Verwalterhonorar anzupassen ist oder ob Sie sich von dem Objekt trennen wollen.

Monatlicher Stundeneinsatz
In der Regel leistet eine Vollzeitkraft 38 bis 40 Stunden in der Woche, also ca. 170 bis 180 Stunden pro Monat. Zeiten für unproduktive Arbeiten wie Kaffeekochen, private Telefonate etc. sind hierbei nicht berücksichtigt.

! **Beispiel**

Bei einem durchschnittlichen Verwalterhonorar von z. B. nur 15 EUR netto pro verwalteter Einheit und 400 verwalteten Einheiten je Vollzeitmitarbeiter ergibt sich ein Stundenertrag von ca. 36 EUR pro Mitarbeiter und Stunde. Der Stundenertrag ist noch um die anfallenden Kosten, z. B. für das Büro etc., zu mindern.

3.2.3.5.2 Betriebswirtschaftliche Faktoren der zu verwaltenden Liegenschaften

Durch die Vergabe der mietverwalterischen Aufgaben an eine professionelle Mietverwaltung erwartet der Auftraggeber, dass ihm die Pflichten, die dadurch entstehen, abgenommen werden und die Liegenschaft gleichzeitig effizient und bestmöglich bewirtschaftet wird. Dabei sollten Sie die folgenden betriebswirtschaftlichen Faktoren beachten.

Leerstand
Durch schnelle Wiedervermietung wird gewährleistet, dass es zu einer geringen finanziellen Mieteinbuße und Leerstandsquote kommt. Ist die Leerstandsquote höher als bei Vergleichsobjekten und liegt dafür kein erkennbarer Grund vor, ist die Ursache zu ermitteln und zu beseitigen, z. B. durch das Schaffen effizienter Organisations- und Arbeitsabläufe während der Neuvermietungsphase und durch eine Überprüfung der Mietkalkulation. Beachten Sie bitte, dass Sie einen ausreichend langen Zeitraum für Ihren Vergleich wählen, damit Sie auch tatsächlich einen Trend ausmachen können.

Sind die Mieten oder Nebenkostenvorauszahlungen zu hoch? Oder besteht das Problem in der Infrastruktur? Keine optimale Verkehrsanbindung, Schulen, Kindergärten oder Einkaufsmöglichkeiten? Kommt vielleicht noch eine schlechte soziale Lage dazu?

Hier können Sie Abhilfe schaffen, indem Sie nicht nur die Mieten oder die Nebenkostenvorauszahlungen dem Markt anpassen, sondern den Mietinteressenten entgegenkommen, was z. B. die Ausstattung der Wohnung anbelangt.

So kann sich Ihr Mietinteressent z. B. den Bodenbelag aussuchen. Sollen es Laminat- oder Fliesenböden sein? Welche Farbe möchte er? Vielleicht bauen Sie eine Einbauküche für ihn ein? Kommen Sie ihm entgegen! Und wenn das alles nichts hilft – vereinbaren Sie für eine gewisse Zeitspanne, dass der Mieter keine Miete zahlen muss. Aber achten Sie immer darauf, dass Nebenkostenvorauszahlungen geleistet und Kautionen gezahlt werden. Bitte niemals darauf verzichten, ansonsten baden vielleicht alle Freunde und Verwandten bei Ihrem Mieter. Und den Verzicht auf die Kautionszahlung könnten Sie bitter bereuen, falls der Mieter die Wohnung eines Tages nicht so verlässt, wie er es mit Ihnen vereinbart hat. Denn dann bräuchten Sie die Kaution, um sie für eventuelle Sanierungsmaßnahmen einzusetzen. Außerdem ist es möglich, dass Sie fehlende Mietzahlungen durch die Kaution ausgleichen müssen.

Achtung !

Die Mietzahlung darf der Mieter jedoch nicht mit der Kaution verrechnen!

Mieterfluktuation

Ihr Ziel ist es, dafür Sorge zu tragen, die Mieterfluktuation so gering wie möglich zu halten. Dadurch bleibt z. B. die Abnutzung der Wohnungen und der Allgemeinräume wie z. B. des Treppenhauses gering. Sollte die Mieterfluktuation in einem Ihrer Objekte hoch sein, überprüfen Sie, wodurch die sie bedingt ist. Sind vielleicht die Mieter unzufrieden? Geht der Hausmeister nicht kundenorientiert mit ihnen um? Gibt es vielleicht einen Mieter, der den Hausfrieden nachhaltig stört? Wenn Sie im Fall einer Kündigung nicht den Grund für die Kündigung erfragen, können Sie das eventuell bestehende Problem nicht lösen. Dann haben Sie den Störenfried weiterhin im Haus, während die anderen Bewohner nach und nach ausziehen.

Mietertragsquote

Eine wesentliche Messzahl lässt sich aus den Mietverträgen entnehmen. Der Wert einer Immobilie steigt, je höher die Mieteinnahmen sind. Sollte die Mietertragsquote geringer als in anderen Liegenschaften ausfallen, prüfen Sie, ob Sie im Rahmen der gesetzlichen Bestimmungen regelmäßig Mieterhöhungen durchführen können. Ansonsten holen Sie es bitte nach, sonst droht dem Eigentümer ein Vermögensschaden und er macht Sie eventuell dafür haftbar.

Instandhaltungskosten

Die durchschnittlichen jährlichen Instandhaltungskosten errechnen sich nach dem Alter des Objekts. Die erforderlichen Instandhaltungsaufwendungen nehmen im Laufe der Nutzung der Immobilie zu. Hier ist zu berücksichtigen, dass diese Entwicklung nicht gleichmäßig erfolgt, weil die technischen Anlagen oder das Dach unterschiedliche Lebensdauern haben. Sollten die Instandhaltungskosten von der Norm abweichen, ohne dass z. B. umfangreiche Sanierungsmaßnahmen vorliegen, kann der Grund darin liegen, dass Instandhaltungs- und/oder Wartungsverträge zu schnell oder ohne Einholung von Gegenangeboten vergeben werden oder dass ein zu hoher Sanierungsstau abgebaut werden müsste.

4 Vom Marketing bis zur Übernahme eines neuen Mietobjekts

In diesem Kapitel erfahren Sie, wie Sie neue Objekte akquirieren und eine Rentabilitätsprüfung durchführen können.

4.1 Was bedeutet Marketing?

Marketing bedeutet das Ausrichten und Anpassen sämtlicher betrieblicher Tätigkeiten und Planungen auf bzw. an das Ziel, Produkte bzw. Dienstleistungen am Markt abzusetzen. Die in der allgemeinen Marketingagentur benannten Methoden und Instrumente lassen sich nur bedingt auf den Immobilienmarkt übertragen. Die Zielsetzung ist es, den Verwalter und sein Unternehmen als Immobilienverwaltung zu positionieren und besondere Fähigkeiten und Leistungen darzustellen.

4.2 Akquirieren von Neukunden

Klären Sie zunächst die Vorgehensweise:

- Zielgruppe: Wen will ich erreichen? Zum Beispiel: Baugesellschaften, Eigentümer.
- Zeitpunkt: Wann will ich meine Zielgruppe erreichen? Zum Beispiel: vor Baubeginn eines Objekts.
- Region: Wo will ich meine Zielgruppe erreichen? Zum Beispiel: regional bei Mietshäusern, überregional bei größeren Gewerbeobjekten.
- Bewerbung: Wie will ich meine Zielgruppe erreichen? Zum Beispiel: telefonisch oder schriftlich.

Bauen Sie sich ein Netzwerk auf. Sprechen Sie z. B.

- Handwerker,
- Architekten,
- Bauunternehmen,
- Bauleiter,
- Rechtsanwälte,

- Notare oder
- Steuerberater,

mit denen Sie bereits zusammenarbeiten an, ob sie Sie weiterempfehlen können.

Bitten Sie Ihre jetzigen Eigentümer um Referenzen. Schlagen Sie ihnen vor, ihnen dabei behilflich zu sein, indem Sie die Referenzen als Entwürfe vorschreiben.

! **Tipp**

Werben Sie damit, dass Sie für den Eigentümer eine kostenfreie Kostenanalyse sämtlicher Verträge bei Erhalt des Auftrags durchführen. Sie finden immer Kosten, bei denen Sie den Rotstift ansetzen können, so z. B. bei Versicherungen, Wartungsverträgen, Energielieferverträgen.

! **Achtung**

Vergessen Sie darüber aber nicht, Ihre vorhandenen Liegenschaften optimal zu betreuen. Denn eine neue Liegenschaft zu gewinnen und aufzubauen, dauert mindestens doppelt so lange, wie ein Bestandsobjekt zu betreuen.

4.3 Maßnahmen der Bekanntmachung (Werbung)

Generell sollten Sie zusätzlich zu den Akquirierungsmaßnahmen dafür Sorge tragen, dass Ihr Unternehmen bekannt wird. Um den Bekanntheitsgrad Ihres Unternehmens zu steigern, bieten sich die folgenden Möglichkeiten an:

- Lassen Sie in lokalen Zeitungen einen Bericht, am besten mit Foto von Ihnen, veröffentlichen. Mögliche Themen wären z. B.:
  - Neue Hausverwaltung (Name) im Ort.
  - 5-jähriges (oder eine andere Zahl) Jubiläum der Hausverwaltung (Name).
  - Hausverwaltung (Name) gratuliert ihrem Mitarbeiter zum (Zahl) Berufsjubiläum.
  - Hausverwaltung (Name) spendet (Betrag) Euro an soziale Einrichtung, z. B. Hospiz, Altersheim, Kindergarten, Kinderkrankenhaus, Stiftung etc.
- Erstellen Sie eine Homepage. Falls Sie selbst dazu nicht in der Lage sind, beauftragen Sie eine externe Firma, die sich auf das Erstellen professioneller Homepages im Bereich der Immobilienwirtschaft spezialisiert hat.
- Schalten Sie Anzeigen in der Tagespresse, den IHK-Nachrichten, in Stadt- oder Gemeindebroschüren. Achten Sie bitte darauf, dass Ihre Anzeigen mehrfach hin-

tereinander oder in regelmäßigen Abständen geschaltet werden. Das steigert den Wiedererkennungswert.

- Bringen Sie Werbeschilde, z. B. als Bandenwerbung auf Fußballplätzen, an.
- Lassen Sie Ihren Pkw mit Ihrem Firmennamen/-logo, Ihrer Adresse und Ihrer Telefonnummer beschriften. Oftmals stehen auch kleine Pkw-Anhänger mit Werbung an regelmäßig wechselnden Stellen des Fahrbahnrands.
- Bringen Sie ein Firmenschild oder eine Leuchtreklame am Hauseingang Ihres Büros an.
- Starten Sie eine Mailing-/Werbebriefaktion und fügen Sie Prospekte hinzu. Leider kommt es jedoch oft genug vor, dass der Brief/Prospekt unbeachtet im Papierkorb landet.
- Schließen Sie sich Ihrem örtlichen oder städtischen Gewerbeverein an. Dieser erteilt Interessenten darüber Auskunft, welche ihrer Mitglieder eine Hausverwaltung besitzen. Die Zugehörigkeit zu einem Gewerbeverein lässt außerdem auf Ihre Professionalität schließen.

Auch wenn Sie der Meinung sind, dass Ihnen Ihr derzeitiger Mietverwaltungsbestand reicht, sollten Sie unbedingt beachten, dass Sie trotz guter Verwaltertätigkeit immer wieder mal den einen oder anderen Mietverwaltungsauftrag verlieren werden. Der eine Eigentümer verstirbt vielleicht und seine Erben verkaufen das Haus. Der andere Eigentümer kündigt und wechselt zu einem Mitbewerber, der angeblich bei denselben guten Leistungen preiswerter ist. Deshalb ist es unumgänglich, dass Sie das Gewinnen neuer Mietverwaltungen nicht aus den Augen verlieren.

Beachten Sie bei der Akquise, dass Sie Ihre Leistungen nicht zu Dumpingpreisen anbieten. Schnell fragt sich Ihr Kunde, ob es sich bei Ihnen tatsächlich um ein seriöses Unternehmen handelt. Denn auch Ihr Kunde weiß: Billig ist nicht immer preiswert. Und kein Fachverwalter kann ordnungsgemäße und vernünftige Leistungen zu Dumpingpreisen erbringen.

Webauftritt
Durch Selbsterstellung oder professionelle Hilfe.

Positionierung z. B.

- www.google.de/places (Google-Konto erstellen, extrem wichtige Seite),
- www.yasni.de,
- www.dasoertliche.de bzw. www.gewusst-wo.de,

- www.telefonbuch.de bzw. www.gelbeseiten.de,
- www.qype.com bzw. www.pointoo.de,
- www.meinestadt.de bzw. www.stadtbranchenbuch.com,
- www.klicktel.de.

Kostenpflichtige Seiten wie z. B. www.hausverwaltung-gesucht.de sind in der Regel nicht notwendig.

4.4 Rentabilitätsprüfung von Verwaltungsobjekten

Nachdem wir uns mit dem formellen, organisatorischen und betriebswirtschaftlichen Bereich einer Mietverwaltung beschäftigt haben, wenden wir uns jetzt der Rentabilitätsprüfung von Verwaltungsobjekten zu. Manches Objekt entpuppt sich sehr schnell als unrentabel – viel Arbeit für wenig Honorar.

Sie erfahren, was es bei einem Verwaltervertrag zu beachten gilt, wie Sie Ihr Honorar berechnen und welche Faktoren Sie bei der Übergabe einer neuen Liegenschaft durch Vorverwalter beachten sollten.

Stellen Sie sich vor, Sie werden angerufen und ein Eigentümer möchte Ihnen die Verwaltung eines Objekts mit 80 Mieteinheiten übertragen. Grund zum Jubeln? Nein – zunächst nicht. Denn vor der Übernahme des Objekts sollten Sie es hinsichtlich der folgenden Kriterien prüfen:

- **Wie viele Wohneinheiten umfasst das Mietobjekt?**
  Das Verwaltungsprojekt sollte hinsichtlich seiner Größenordnung zum Verwalterkonzept passen. Zu viele Kleinobjekte belasten den Verwalter. Die Kosten für das Einholen von z. B. Handwerkerangeboten sind bei einem kleinen Mietobjekt genauso hoch wie bei einer größeren Liegenschaft. Allerdings sind die Verwaltergebühren bei kleineren Liegenschaften wesentlich geringer. Beim Wegfall eines großen Objekts besteht das Risiko, dass aufgrund der finanziellen Einbuße ein Personalabbau und eine Verkleinerung des Büros erforderlich werden.
- **Welche Probleme gibt es?**
  Gerade zu Beginn der Verwaltertätigkeit neigt man dazu, jedes Objekt, egal, mit welcher Problematik es behaftet ist, anzunehmen. So können Prozesse mit Mietern, häufige Verwalterwechsel, Erbengemeinschaften oder Leerstand im Objekt

einen Arbeitsaufwand verursachen, den man schnell unterschätzt und falsch kalkuliert.

- **Wie ist die Lage des Objekts?**
  Sind Sie bereit, auch ein Mietshaus zu verwalten, das sich nicht gerade in einer Eins-a-Lage befindet? Denken Sie an das altbekannte Monopolyspiel. Wie steht es mit einem Objekt in der Badstraße (sozialer Brennpunkt) statt in der Schlossallee? Oder: Sind Sie bereit, eine Liegenschaft zu übernehmen, die 50 Kilometer und mehr von Ihrem Büro entfernt ist? Sollten Sie dazu bereit sein, kalkulieren Sie bitte den Zeit- und Kilometeraufwand mit in Ihre Verwaltergebühr ein.

!

Beispiel

Sie haben eine Begehung in einer Liegenschaft, die 40 Kilometer entfernt ist. Auf der Autobahn kommt es zu einem Stau. Sie müssen den Termin absagen und einen neuen Termin vereinbaren.

- **Wie ist das Objekt beschaffen?**
  Können und wollen Sie auch stark sanierungsbedürftige Objekte übernehmen?
- **Welche Mieterstruktur hat das Objekt?**
  Möchten Sie ein Objekt verwalten, das inmitten eines sozialen Brennpunkts liegt? Schauen Sie sich deshalb das Umfeld des Hauses gut an. Ist es gepflegt und sauber oder wirkt es ungepflegt, liegt Müll herum oder stehen Schrottautos auf dem Parkdeck? Oft genug gibt es Liegenschaften mit einer schwierigen Mieterklientel, z. B. aufgrund ihres Verhaltens (Gewalt zwischen den Mietern, Alkoholprobleme, schwere Verstöße gegen die Hausordnung, Vandalismus etc.). Überlegen Sie es sich genau, ob Sie solche Objekte verwalten möchten und auch können! Womöglich trauen Sie sich abends gar nicht mehr in das Objekt.
- **Gibt es Mietrückstände?**
  Fragen Sie den Eigentümer, hier muss ggf. das Mahnwesen gestrafft werden.
- **Sind Prozesse anhängig?**
  Bitte kalkulieren Sie anhängige Prozesse mit ein, weil dann ein hoher Aufwand bzgl. der Zusammenarbeit mit Rechtsanwälten, der Vorbereitung von Unterlagen für das Gericht, der Wahrnehmung von Gerichtsterminen etc. besteht.
- **Ist die Mieterfluktuation hoch?**
  Hier müssen Sie zunächst die Gründe für die hohe Mieterfluktuation herausfinden, um dann durch Prozessoptimierung gegenzusteuern.

! **Beispiel**

Sie erfahren, dass die ausziehenden Mieter sehr unzufrieden sind, wie lange die Mängelbearbeitung dauert. Hier müssen ggf. mehr Mitarbeiter eingestellt werden, um die Bearbeitungszeit zu verkürzen.

- **Sind zusätzliche Leistungen erwünscht?**
  Fragen Sie bitte bei Ihrem zukünftigen Auftraggeber nach: Wenn der Vorverwalter die Abrechnung für das Vorjahr noch nicht durchgeführt hat und Sie die Mietverwaltung zum 1.11. übernehmen, ist der Aufwand für die Erstellung der Heiz- und Betriebskostenabrechnungen extra zu honorieren. Bitte nicht als Pauschale. Rechnen Sie nach Stundenhonorar ab, weil Sie nicht wissen, ob Belege fehlen oder Fragen aufkommen.
- **Können Sie Aufträge selbstständig vergeben?**
  Sollte der Eigentümer erst jeden Auftrag freigeben wollen oder sollten Sie für jede Kleinigkeit drei Angebote einholen müssen, lehnen Sie die Verwaltung besser ab. Sie benötigen einen Betrag, über den Sie verfügen können – umso größer das Objekt desto höher der Betrag. Ansonsten ist es sehr kostenintensiv und zeitaufwendig, das Objekt zu verwalten.
- **Würden Sie sich für ein drei Jahre altes Haus, ein 20 Jahre altes Haus oder ein 30 Jahre altes Haus entscheiden?**
  Bei einem drei Jahre alten Haus kann es sein, dass Sie sich noch um Gewährleistungsmängel kümmern müssen, sofern welche vorhanden sind. Das bedeutet unter Umständen, dass Sie vor Gericht ein Beweissicherungsverfahren gegen den Handwerker oder den Bauträger beantragen müssen. Die Gewährleistungspflicht läuft nach fünf Jahren ab.
  Das 20 Jahre alte Haus kommt langsam in ein Alter, in dem größere Sanierungsmaßnahmen anstehen können, z. B. bei der Heizung, beim Dach oder bei den Fenstern.
  Wenn ein Haus 30 Jahre alt ist, kann man eventuell davon ausgehen, dass etliche Sanierungsmaßnahmen abgeschlossen sind. Bitte fragen Sie danach, um Ihr Verwalterhonorar kalkulieren zu können.
- **Existiert eine Hausordnung?**
  Falls keine Hausordnung existiert, ist es Ihre Aufgabe, eine sinnvolle Hausordnung zu erstellen. Bei mehrheitlichen Mietern eines Auslandes empfiehlt es sich unter Umständen, die Hausordnung in die entsprechende Landessprache übersetzen zu lassen. So umgehen Sie das Argument der Mieter, sie hätten die Hausordnung nicht einhalten können, weil sie sie nicht verstanden haben.

Exemplarische Hausordnung

Bei den Arbeitshilfen online finden Sie eine exemplarische Hausordnung als Download.

ARBEITS-HILFE ONLINE

- **Welche baulichen Mängel sind vorhanden?**
  Fragen Sie beim Eigentümer nach, fahren Sie in das Objekt, sprechen Sie mit dem Hausmeister und kalkulieren Sie dann.
- **Sind Hausmeister vorhanden?**
  Auch hier fragen Sie bitte aus den folgenden Gründen nach:
  - Wenn die Mieter selbst putzen, könnte es Probleme geben. Der eine Mieter putzt übertrieben gründlich, der andere offensichtlich gar nicht, teilt aber auf Nachfrage mit, er putze nur nachts, weil er tagsüber aus beruflichen Gründen keine Zeit habe.
  - Kommt der Hausmeister aus den Reihen der Mieter, könnte es Probleme geben, falls Sie nicht mit ihm klarkommen und ihm kündigen wollen.
  - Sind Hausmeister, Reinigungskräfte, Gärtner etc. beim Eigentümer angestellt, müssen Sie auch Lohn- und Gehaltsabrechnungen erstellen sowie Sozialabgaben abführen.

Tipp !

Halten Sie im Verwaltervertrag fest, dass ein Steuerberater diese Tätigkeit auf Kosten des Eigentümers übernimmt.

  - Im Fall von Anstellungen müssen Sie bei Krankheit oder Urlaub des/der Angestellten für Ersatz sorgen.
  - Schalten Sie lieber Fremdfirmen ein. Die sorgen für Ersatz und sind, wenn sie ihre vertraglich vereinbarter Tätigkeiten nicht erfüllen, leichter kündbar.

4.5 Der Verwaltervertrag

Nachdem Sie die Rentabilitätsprüfung durchgeführt haben, entscheiden Sie sich, das Objekt verwalterisch zu betreuen. Auch der Eigentümer möchte mit Ihnen zusammenarbeiten. Sie möchten nun das Verwalterhonorar erörtern und den Verwaltervertrag abschließen. Ein Verwaltervertrag ist als ein entgeltlicher Geschäftsbesorgungsauftrag zu betrachten. Er sollte mindestens

- die Vertragspartner,
- die Adresse des Objekts,
- die Vergütung mit Anpassungsmöglichkeiten,
- den Leistungsumfang,
- die Dauer mit Kündigungsmöglichkeiten,
- die Rechte des Verwalters,
- den Gerichtsstand und
- die Haftung

beinhalten.

! **Achtung**

Achten Sie bitte unbedingt darauf, dass der Vertrag nur von den Parteien unterzeichnet wird, die dazu befugt sind. Also z. B. vom Geschäftsführer und nicht vom Sachbearbeiter. Sonst ist der Vertrag nicht zustande gekommen und Sie können nur die ortsüblichen Verwaltergebühren geltend machen.

Im Rahmen der Vertragsfreiheit können auch Vereinbarungen rechtssicher getroffen werden, die den gesetzlichen Vorschriften widersprechen. Das unterliegt aber strengen Voraussetzungen. Wesentliche Bestandteile hierfür sind, dass die Vereinbarungen im Einzelnen mit dem Vertragspartner ausgehandelt wurden und nur für diesen Vertrag gelten. Die Vereinbarungen werden im Vertrag unter der Überschrift *Individuelle Vereinbarungen* gesondert aufgeführt. Sie müssen **immer handschriftlich und von beiden Parteien extra unterzeichnet werden**.

Über diese individuellen Vereinbarungen muss vorher verhandelt worden sein. Dieser Umstand muss aus der individuellen Vereinbarung hervorgehen. Beziehen Sie sich auf eine eventuelle vorher geführte Korrespondenz.

Achten Sie weiterhin auf die Ausstellung einer Vollmacht durch den Eigentümer zur Vorlage gegenüber Dritten, aus der Ihre Befugnis hervorgeht.

Fachverlage in der Immobilienwirtschaft halten Formularverträge und Vollmachten bereit, die Sie nutzen können.

4.5.1 Vertragsdauer

Was die Vertragsdauer anbelangt, weichen die Meinungen deutlich voneinander ab. Die eine Seite der Hausverwaltungen bevorzugt einen Vertrag mit langer, mindestens fünfjähriger Laufzeit, weil dadurch die Einnahmen gesichert sind. Hier besteht für Sie das Risiko, dass Sie sich langfristig binden und den Vertrag nur schwierig kündigen können, sofern es z. B. Auseinandersetzungen gibt.

Wichtig !

Deshalb empfiehlt es sich, eine fristlose Kündigungsmöglichkeit in den Mietverwaltungsvertrag einzuarbeiten. Sie lautet:
»Der Verwaltervertrag ist beidseitig aus wichtigem Grund fristlos zu kündigen.«
Es ist also nicht nur möglich, dass der Eigentümer kündigt, wenn Sie Ihren Verpflichtungen nicht nachkommen, sondern Sie können ebenfalls kündigen.

Gründe dafür wären:

- mehrfaches Nichtzahlen des Verwalterhonorars,
- Nichtzahlen des Verwalterhonorars über einen längeren Zeitraum,
- mehrfache Beleidigungen,
- tätliche Angriffe des Eigentümers,
- ein nachhaltig und unwiderruflich zerstörtes Vertrauensverhältnis zum Vermieter (hier bitte die Gründe substanziiert angeben)
- usw.

Die andere Seite der Verwalter schließt Verträge mit einer Dauer von durchschnittlich drei Jahren ab, um so die Option zu haben, sich von nicht rentablen Objekten trennen zu können.

Grundsätzlich ist festzuhalten, dass sich eine Liegenschaft erst nach mindestens zwei Jahren amortisiert. Nach dieser Laufzeit werden in der Regel auch bei problematischen Liegenschaften die ersten Erfolge für die Eigentümer sichtbar.

Spricht etwas gegen einen Verwaltervertrag über eine Laufzeit von nur einem Jahr?

Gewiss, der Aufwand für die Eingabe der Stammdaten in den PC und das Abarbeiten der vom Vorverwalter nicht korrekt ausgeführten Leistungen ist hoch für eine Laufzeit von nur einem Jahr. Wenn Sie das Objekt wirklich interessiert, z. B. aufgrund seiner Größe, können Sie m. E. dieses Risiko aber eingehen. Da Sie ein guter Verwalter sind, wird der Eigentümer schnell merken, was er an Ihnen hat und hat kein Interesse, nach einem Jahr einen neuen Verwalter zu suchen. Außerdem macht es keinen guten Eindruck auf die Mieter, wenn der Verwalter öfters wechselt.

4.5.2 Wie lauten der Name und die Adresse des Vorverwalters?

Einerseits brauchen Sie diese Angaben, um mit dem Vorverwalter einen Abholtermin für sämtliche Unterlagen und Schlüssel zu vereinbaren, andererseits erfahren Sie dadurch, ob es sich bei dem Kollegen um einen »guten« oder »schlechten« Verwalter handelt – da Sie Ihre Mitbewerber kennen. Klären Sie ab, warum der Vorverwalter das Objekt nicht mehr verwaltet. Sie wissen ja: Jede Medaille hat zwei Seiten.

4.5.3 Die Verwaltungsunterlagen

Die Verwaltungsunterlagen sind von besonderer Bedeutung, weshalb sie in Kapitel 4.6 separat behandelt werden.

4.5.4 Das Verwalterhonorar

Da es keine gesetzlichen Vorgaben bzgl. des verwalterischen Leistungskatalogs gibt, ist eine genaue Definition der Rahmenbedingungen in einem Verwaltervertrag unabdingbar. Die Grundvoraussetzung ist hier zunächst die Ermittlung des leistungsgerechten Verwalterhonorars. Es wird zumeist der vorhandenen Marktsituation angepasst. Leider wird oft genug der preisgünstigste Anbieter genommen, ohne Rücksicht auf die Qualifikation und die angebotene Leistung.

Berücksichtigen Sie bei Ihrer Kalkulation z. B. neben produktiven, monatlichen Arbeitszeiten von ca. 138 Stunden (exklusiv Arbeiten wie Akten anordnen, Kaffeepausen etc.) die Kosten der ständigen Büroführung wie Altersvorsorge, Raumkosten, Kosten für Geräte, Material, Bürobetrieb, Fahrtkosten, Personalkosten, Betriebskosten (z. B. Rechtsanwaltskosten, Versicherungen), Bankkosten und Steuern.

Tipp

!

Zusätzlich zum normalen Verwalterhonorar können Sie die Teilnahme an WEG-Versammlungen, Kopier- und Fahrtkosten, Extraaufwendungen bei Vermietungen sowie bei großen Sanierungsmaßnahmen, Neuvermietungen, die Bearbeitung von Prozessen, das Erstellen von Mahnungen bzw. die diesbezüglich anfallende Mahngebühr und auch das Aufarbeiten von Altlasten des Vorverwalters separat berechnen.
Hilfreich bei der Kalkulation des Verwalterhonorars ist auch die Studie der Bundesvereinigung der Spitzenverbände der Immobilienwirtschaft »Verwaltervergütungen in Deutschland«.

Mietabhängiges Verwalterhonorar

Oft wird ein Prozentsatz der Mieteinnahmen als Honorar vereinbart, insb. bei gewerblichen Einheiten. Die Spanne liegt zwischen 3 und 5 Prozent der Mieteinnahmen. Der Nachteil dieser Honorarvereinbarung könnte darin liegen, dass sich eine Minderung des Honorars bei einem Leerstand, z. B. aufgrund der gesamtwirtschaftlichen Lage, nicht vermeiden lässt, sofern sich das vereinbarte Verwalterhonorar nach Istmieten richtet.

Pauschales Verwalterhonorar

Ebenfalls weit verbreitet ist die Abrechnung des Honorars als Pauschale pro zu verwaltender Einheit. Hier gilt die Regel: Je größer die Anzahl der Mieteinheiten in einer zu verwaltenden Liegenschaft ist desto geringer ist das monatliche Pauschalhonorar pro Einheit. Das Honorar pro Einheit sollte sich nicht unter 10 EUR netto pro Einheit belaufen, weil es kaum möglich sein dürfte, eine Einheit unter 10 EUR netto wirtschaftlich und gleichzeitig für den Eigentümer zufriedenstellend zu verwalten. Kalkulieren Sie Ihre Kosten also bitte genau. Hierbei sollten Sie nicht vergessen, auch eventuelle Pkw-Stellplätze oder Garagen mit zu berechnen.

Honorarmix

Auch möglich ist das Zugrundelegen eines Honorars aus den beiden o. g. Varianten für immer wiederkehrende Leistungen, verbunden mit einem weiteren Stundenhonorar oder einem festgelegten Entgelt für zusätzliche Leistungen, z. B. Aufarbeiten von nicht geleisteten Tätigkeiten des Vorverwalters oder größere Arbeiten wie Instandsetzungsarbeiten. Es besteht jedoch die Gefahr, dass es bei einer Abrechnung auf Stundenbasis zu Auseinandersetzungen mit dem Eigentümer kommen kann.

! **Tipp**

Überlegen Sie deshalb, ob Sie aus Kulanz Ihre Stunden z. B. von 5,25 auf 5,0 Stunden abrunden. Teilen Sie das auf Ihrer Rechnung mit. So behalten Sie das Vertrauen Ihres Eigentümers.

Fremdleistungen

Im Laufe Ihrer Verwaltertätigkeit entstehen Kosten, die ebenfalls von Ihrem Auftraggeber zu übernehmen sind. Dazu gehören z. B. die Kosten für Vermietungsanzeigen, wenn Sie eine Wohnung neu vermieten möchten und in Zeitungen oder auf einem Internetportal Anzeigen schalten.

Bei größeren Baumängeln müssen Sie oftmals Fachingenieure und zur Sicherung von Beweisen bei Gewährleistungsmängeln innerhalb von Neubauten auch Sachverständige konsultieren. Sollten Sie danach die Einreichung eines Beweissicherungsverfahrens einreichen oder einen Rechtsanwalt hinzuziehen, den Sie u. U. auch in anderen mietverwalterischen Angelegenheiten benötigen, sind alle diese Kosten ebenfalls durch den Eigentümer zu tragen.

Sofern Sie Mitarbeiter (Putzfrauen. Hausmeister, Gärtner) für Ihre Liegenschaften eingestellt haben, müssen Gehaltsabrechnungen erstellt und die Lohn- und Gehaltsbuchhaltung durchgeführt werden. Sollten Sie sich dazu nicht in der Lage sehen, können Sie nach Absprache mit Ihrem Auftraggeber die Arbeiten auf Kosten des Kunden an einen Steuerberater outsourcen.

Bankgebühren gehen ebenfalls zu seinen Lasten.

4.6 Übernahme eines neuen Verwaltungsobjekts

Nachdem wir uns dem Verwaltervertrag und dem Verwalterhonorar gewidmet haben, wenden wir uns nun dem Thema »Verwaltungsübernahme« zu. Es ist ebenfalls ein sehr wichtiges Thema, weil man hier leider aus Unwissenheit sehr viel falsch machen kann und dann auch dafür haftet.

Um eine Liegenschaft ordnungsgemäß verwalten zu können, benötigen Sie sämtliche Unterlagen des Objekts.

4.6.1 Entgegennahme, Vollständigkeitsprüfung, Übergabe der Hausverwaltungsunterlagen

Die Verwaltungsunterlagen erhalten Sie vom Eigentümer oder von der Vorverwaltung. Dienlich ist es, wenn Sie Unterlagen wie Mieteradressen oder Miet- und Nebenkostenzahlungslisten schon vor Beginn Ihrer Tätigkeit erhalten. Dann können Sie die Mieter rechtzeitig über den Beginn Ihrer Verwaltertätigkeit unterrichten und die Sollmietstellung schon vorab in Ihr Softwareprogramm eingeben.

Entgegenzunehmende Unterlagen

Besonders viel Aufmerksamkeit benötigt die Vollständigkeitsprüfung, weil Sie mit der Unterzeichnung den Erhalt der Unterlagen und Schlüssel bestätigen und damit auch dafür haften.

Tipp !

Notfalls unterzeichnen Sie die vom Vorverwalter erstellte Unterlagen- und Schlüsselliste »unter Vorbehalt«. Diese muss jedoch kurzfristig mit den erhaltenen Unterlagen verglichen werden.

Übergabe objektbezogener Unterlagen

Wie bereits erwähnt, benötigen Sie für die ordnungsgemäße Verwaltung eines neuen Objekts alle Unterlagen, so auch die objektbezogenen.

Beispiel !

Objektbezogene Unterlagen können z. B. Unterlagen sein, die sich auf den Bau des Gebäudes, dessen Pläne oder auf abgeschlossene Verträge beziehen. All diese Unterlagen sind zur Bewirtschaftung des Objekts notwendig.

Checkliste: Objektbezogene Unterlagen

ARBEITSHILFE ONLINE

- Grundbuchauszug, Flurkarte, sämtliche Pläne (hierzu gehören z. B. Baupläne, Grundrisspläne, Installationspläne), Wohnflächenberechnung, Baugenehmigung.
- Versicherungspolicen mit Anträgen und Änderungen.
- Gebührenbescheide (z. B. Müllabfuhr, Straßenreinigung, Grundsteuer, Wasser/Abwasser, Gas).
- Gültige Verträge für Wasser, Allgemeinstrom und Heizung.
- Gültiger Vertrag mit dem Ablese- und Abrechnungsdienst für Heizung und Wasser.

- Sämtliche Wartungsverträge wie z. B. für Heizung, Rolltore, Aufzüge, Brandmeldeanlagen, Feuerlöscher etc.
- Verträge mit Hausmeistern, Putz- und Winterdienstmitarbeitern.
- Gegebenenfalls die Steuerkarten und Personalunterlagen für den o. g. Personenkreis.
- Handwerkerliste mit Namen, Adressen, Telefon- und Faxnummern.
- Informationen zu laufenden Gewährleistungsfristen aus Handwerkerarbeiten.
- Eventuell Gewährleistungsbürgschaften (Handwerker). Hierbei handelt es sich um Bürgschaften, die ein Handwerker z. B. von seiner Hausbank erhält, damit der Vertragsgeber ihm die komplette Rechnungssumme auszahlt. Der Vertragsgeber erhält die Bürgschaft. Ansonsten hat der Vertragsgeber die Möglichkeit, einen Sicherheitseinbehalt für eventuelle Gewährleistungsansprüche einzubehalten.
- Die aus den o. g. Punkten resultierende Korrespondenz der letzten zehn Jahre.

!

Beispiel

Ein Handwerker reicht Ihnen eine Rechnung in Höhe von 100.000 EUR für seine erbrachte Leistung ein. Sie möchten für eventuelle Gewährleistungsansprüche einen bestimmten Betrag einbehalten. Damit ist der Handwerker nicht einverstanden, weil er den kompletten Rechnungsbetrag benötigt. Er bietet Ihnen aber für den Betrag, den Sie einbehalten wollen, eine Bankbürgschaft an.

Mietbezogene Unterlagen

Bei den mietbezogenen Unterlagen finden Sie die Unterlagen, aus denen hervorgeht, wer in den einzelnen Wohnungen wohnt.

!

Beispiel

Der Mietvertrag, Übergabeprotokolle, Miethöhe, Mieterhöhungen, Selbstauskünfte und Schriftwechsel.

Diese Unterlagen ermöglichen es Ihnen zum einen, sich ein Bild vom Mieter und eventuelle Probleme mit ihm zu verschaffen, und zum anderen, die entsprechenden Daten in Ihre Hausverwaltungssoftware einzupflegen, z. B. die Personenzahl für die Betriebskostenabrechnung und die Miethöhe zur Überprüfung der Mietzahlungen. Also alles rund um das Mietverhältnis.

ARBEITS-
HILFE
ONLINE

Checkliste: Mietbezogene Unterlagen

- Mietverträge inkl. eventueller Nachträge und Zusatzvereinbarungen,
- Adress-/Telefonliste der Mieter,
- Kautionen, Bankbürgschaften, Kautionsunterlagen,

- Selbstauskunftsformulare von Mietern,
- Unterlagen zu allen in der Vergangenheit durchgeführten Mieterhöhungen,
- Vereinbarungen zu Mietereinbauten,
- Wohnungsübergabeprotokolle,
- Schriftwechsel mit Mietern, Dritten, Rechtsanwälten der letzten zehn Jahre,
- Gerichtsurteile bzw. Vergleichsprotokolle aus Verfahren gegen Mieter,
- Betriebskostenabrechnungen,
- Begehungsprotokolle.

Schlüsselübernahme

Für die Schlüsselübernahme ist es hilfreich, wenn Sie sich die nachstehende Checkliste mit der Aufzählung der verschiedenen Schlüsselarten kopieren. So können Sie anhand der Liste einfach und schnell überprüfen, ob und welche Schlüssel ggf. fehlen.

ARBEITS-HILFE ONLINE

Checkliste: Schlüsselübergabe

Achten Sie auf Schlüssel für

- das Hoftor,
- die Hauseingangstür,
- die Kellertüre,
- den Heizungskeller,
- den Elektroraum,
- die Garage,
- Parkdecks
- ggf. den Aufzugsraum.

Kopieren Sie sich die vorhergehenden Listen mit den Aufzählungen als Checkliste für Ihre nächste Übernahme und prüfen Sie anhand der Listen, ob noch Unterlagen fehlen.

!

Wichtig

Bitte prüfen Sie sofort, ob die Schlüssel auch tatsächlich passen oder ob der Vorverwalter Ihnen falsche Schlüssel übergeben hat, weil die richtigen Schlüssel nicht mehr auffindbar sind.

Schlüsselmanagement
Bei der Übergabe der Schlüssel durch den Vorverwalter oder Eigentümer stellen Sie fest, dass sämtliche Schlüssel nicht zuzuordnen sind, weil Markierungen fehlen. Ganz besonders interessant wird es, wenn Sie mehrere Liegenschaften übernehmen. Wie bekommen Sie nun Ordnung herein?

Bitte gehen Sie nicht so vor, wie es vor einigen Jahren einer meiner Hausmeister gemacht hat. Er hat fünf Mietshäuser für mich betreut. Eines Tages wurde ihm aus seinem Hausmeisterbüro seine Tasche entwendet. In ihr befand sich ein großer Schlüsselring mit allen Schlüsseln der fünf Häuser. Da er sehr ordentlich und korrekt war, hatte er alle Schlüssel mit einem Schild versehen, auf dem nicht nur darauf stand, um welchen Schlüssel es sich handelte, also z. B. die Haustüre, sondern auch die komplette Anschrift! Glücklicherweise wurde die Tasche mit den Schlüsseln gefunden, es fehlte nur das Portemonnaie.

Versehen Sie deshalb Namensschilder nur mit einer Nummer und erstellen Sie eine Liste, auf der die einzelnen Nummern mit den Liegenschaftsnamen komplettiert werden, also z. B. Nr. 1 = Musterstraße 5, Musterstadt. Diese Liste bewahren Sie bitte getrennt von den Schlüsseln an einem sicheren Ort in Ihrer Verwaltung auf oder speichern Sie sie auf dem PC.

Die übernommenen Schlüssel gehören in einen Safe!

Bitte erfragen Sie bei Ihrer Versicherung, wie stark der Safe sein muss, damit die Versicherung bei einer Entwendung des Safes samt Schlüsseln für den Schaden aufkommt. Bitte achten Sie darauf, dass Sie keine Schlüssel zu vermieteten Wohnungen besitzen! Nehmen Sie bitte auch keinen Schlüssel von Ihrem Mieter für Notfälle – auch nicht im versiegelten Umschlag – an.

Der Mieter ist verpflichtet, Ihnen – sofern er einige Zeit abwesend ist – eine Telefonnummer oder Person zu benennen, die einen Schlüssel zu seiner Wohnung besitzt. Geschieht dies nicht und die Feuerwehr muss z. B. die Türe gewaltsam öffnen, haftet der Mieter.

Abrechnungs- und Buchhaltungsunterlagen
Die Abrechnungs- und Buchhaltungsunterlagen benötigen Sie, um sich ein Bild von den Kosten des Objekts machen zu können und um festzustellen, wie hoch die Be-

triebskosten der einzelnen Mieter in der Vergangenheit waren. Die Saldovorträge des laufenden Jahrs zu den einzelnen Kostenarten werden von Ihnen in Ihre Hausverwaltungssoftware eingegeben. Sie buchen dann neue Kosten, die Ihnen entstehen, auch in entsprechenden Betriebskostenkonten. Der Saldo am 31.12. eines Jahres ergibt dann den Saldo für die Betriebskostenabrechnung der jeweiligen Kostenart.

Checkliste: Abrechnungs- und Buchhaltungsunterlagen

ARBEITS-HILFE ONLINE

- Betriebskostenabrechnung,
- sämtliche Buchhaltungsunterlagen wie Kontoauszüge, Überweisungsbelege, Rechnungen etc.,
- Auflistungen der Mieten,
- Auflistungen der Betriebskosten,
- ggf. Listen mit Saldovorträgen (bei Übernahme der Verwaltung während des laufenden Jahrs).

Die nächsten Kapitel beschäftigen sich mit den Tätigkeiten, die Sie unmittelbar nach der Übernahme der Verwalterunterlagen durchzuführen haben.

4.6.2 Eröffnung eines Bankkontos

Um eine neue Liegenschaft ordnungsgemäß verwalten zu können, müssen Sie ein neues Konto bei Ihrer Hausbank eröffnen. Das Konto muss auf den Namen des Eigentümers lauten, ist also von Ihrem Geschäftskonto oder anderen Konten getrennt zu führen. Sie haben aber eine Vollmacht für das Konto.

Ob Sie am Online-Banking-Verfahren teilnehmen wollen, müssen Sie selbst entscheiden. Bisher konnte noch keine Bank garantieren, dass kein Hacker auf die Konten zugreifen kann. Hier kann unter Umständen ein hohes Haftungsrisiko für Sie bestehen.

Sollte der Eigentümer des Objekts auf die Weiterführung seines Kontos bestehen, lassen Sie sich bitte eine Vollmacht für dieses Konto ausstellen.

4.6.3 Benachrichtigung der Mieter, Behörden, Vertragspartner über die Verwaltungsübernahme

Direkt nach der Übernahme eines neuen Objekts sollten Sie alle Vertragspartner über den Verwalterwechsel informieren.

ARBEITS-
HILFE
ONLINE

Checkliste: Benachrichtigungen bei einem Verwalterwechsel

- Mieter,
- Hausmeister,
- Putzdienst,
- Garten- und Winterdienst,
- Bundesknappschaft,
- Versorgungsträger,
- Ämter und Behörden,
- Banken,
- Wartungsdienste,
- Versicherungen,
- ggf. Mieter von Werbestellflächen, Mobilfunkantennen oder Wasch- und Trockenautomatenaufsteller,
- SEPA-Mandate.

ARBEITS-
HILFE
ONLINE

Exemplarisches Begrüßungsschreiben

Bei den Arbeitshilfen online finden Sie ein Begrüßungsschreiben als Download.

Sollten Sie Einzugsermächtigungen erteilen wollen, so geben Sie dies in Ihrer Benachrichtigung an und teilen Sie der Liegenschaft die Bankverbindung mit.

4.6.4 Erfassen von Stammdaten

Üblicherweise werden die Stammdaten mittels elektronischer Datenverarbeitung erfasst. Dieser Vorgang erfordert besondere Gewissenhaftigkeit, weil Sie tagtäglich auf die Daten zurückgreifen und mit ihnen arbeiten müssen. Stellen Sie sich vor, Sie geben die Wohnfläche einer Wohnung versehentlich falsch ein. Dann ist z. B. nicht nur die Betriebskostenabrechnung dieser Wohnung falsch, sondern die Abrechnungen aller Wohnungen. Zu den Daten zählen:

- Hausstammdaten
  - Gesamtfläche des Objekts
  - Anzahl der Wohnungen
  - Anzahl der Kellerräume
  - Anzahl der Garagen- und Pkw-Stellplätze
  - beheizte Gesamtfläche
  - Gesamtpersonenzahl der Mieter des Hauses
- Wohnungsstammdaten
  - Wohnungsnummer
  - Lage der einzelnen Wohnungen
  - Wohnungsgröße
  - Anzahl der Zimmer
  - beheizbare Fläche
  - Personenzahl
- Mietvertragsdaten
  - Mietername
  - Adresse
  - Telefonnummern, ggf. Faxnummern und E-Mail-Adresse
  - Mietbeginn
  - Laufzeit des Mietvertrags und Kündigungsfrist
  - Mietpreis
  - Betriebskostenvorauszahlung
  - Datum der letzten Mieterhöhung
  - Datum der voraussichtlichen nächsten Mieterhöhung
  - Umlageschlüssel
  - Kaution

4.6.5 Versicherungen der Liegenschaften

Als Nächstes überprüfen Sie unbedingt, ob das Objekt auch ausreichend versichert ist. Als Mietverwalter sind Sie nämlich dafür verantwortlich, dass Sie Ihre Liegenschaft korrekt versichern.

4.6.5.1 Überprüfung der abgeschlossenen Liegenschaftsversicherungen

Absolut notwendig ist es, eine Feuerversicherung gegen Schäden aus Feuer und Blitzschlag abzuschließen. Darüber hinaus sollten Sie erwägen, die folgenden Versicherungen einzugehen:

- Sturm- und Leitungswasserschadenversicherung,
- Gebäudeversicherung,
- Gewässerschadenshaftpflichtversicherung, sofern das Objekt einen Öltank besitzt,
- Glasversicherung,
- Elementarversicherung.

! **Beispiel**

Die Elementarversicherung deckt z. B. Schäden bei Hochwasser, Vulkanausbrüchen und Erdbeben ab. Sie ist besonders notwendig bei Hochwasser, wenn der Straßenkanal das Wasser nicht mehr transportieren kann und das Wasser in die Hauskeller überläuft.

Die Gebäudeversicherung deckt Schäden am Gebäude mit seinen Bestandteilen und Zubehör, das der Instandhaltung des versicherten Gebäudes bzw. seinem Gebrauch zu Wohnzwecken dient. Diese befinden sich in und/oder außen am Gebäude.

Das Risiko von Feuer, Hagel, Leitungswasser und Sturm sind mit Versicherungsverträgen abgedeckt, den sog. **verbundenen Wohngebäudeversicherungen**.

Unterversicherung

Eine Unterversicherung ist unbedingt zu vermeiden. Sie kann vorliegen, wenn

- beim Abschluss eines Versicherungsvertrags ein zu niedriger Versicherungswert eingesetzt wurde.
- eine notwendige Erhöhung der Versicherungssumme aufgrund von Preissteigerungen unterbleibt.
- während der Laufzeit des Vertrags weitere Gebäudeteile entstehen, ohne dass die Versicherungssumme an den neuen Versicherungswert angepasst wird.

! **Beispiel**

Sie bauen Ständerbalkone an die Wohnungen, um sie aufzuwerten, und vergessen, die bauliche Veränderung der Gebäudeversicherung mitzuteilen.

Im Schadensfall ist der Versicherer nur zur Leistung im eingeschränkten Umfang verpflichtet. Das gilt auch für den Fall, dass die Schadenshöhe geringer als die nicht ausreichende Versicherungssumme ist.

Überversicherung

Sofern sich die Versicherung erheblich über dem tatsächlichen Versicherungswert befindet, ist der Versicherer nicht verpflichtet, die Versicherungssumme, die den Versicherungswert übersteigt, zu zahlen.

Beispiel

!

Die Tochter des Vorverwalters besitzt eine Versicherungsagentur. Die Liegenschaft des Vorverwalters war bei ihr versichert – überversichert, damit die Tochter eine höhere Provision erhält.

Doppelversicherung

Bei einer versehentlichen Doppelversicherung wird nicht doppelt gezahlt, die Versicherer teilen sich vielmehr den Schaden bis zur maximalen Höhe des Gesamtschadens. Sollte eine Doppelversicherung aus betrügerischer Absicht abgeschlossen worden sein, sind die Versicherungen nichtig.

Achtung

!

Wird ein versicherter Schaden durch einen Dritten verursacht, erfolgt die Regulierung des Schadens durch **Ihre** Versicherung. Diese setzt sich ggf. danach mit dem Schadensverursacher bzgl. der Erstattung in Verbindung.
Sollte der Schaden z. B. durch einen Ihrer Mieter entstanden sein, wird er wieder zunächst durch Ihre Versicherung reguliert. Das wirkt sich aber nicht auf die Schadenfallquote der Liegenschaft aus. Ebenso verhält es sich bei der Regulierung von Schäden, die durch Vorsatz (z. B. Brandstiftung) entstanden sind.

Folgeschäden

Folgeschäden aus den versicherten Risiken können sogar dann von Ihrer Versicherungsgesellschaft reguliert werden, wenn die Kosten, die für die Beseitigung des Schadens entstehen, gar nicht von der Versicherung getragen werden. Allerdings sollten Sie der Versicherung unbedingt mitteilen, dass der Schaden fachgerecht behoben wurde, was Sie z. B. anhand der Rechnung eines Fachhandwerkers belegen können.

Schadensmeldung und -abwicklung
Bitte melden sie den Schaden **sofort** nach der Feststellung/Kenntniserlangung. Prüfen Sie dabei sorgfältig, welche Versicherung zuständig ist.

Zeitgleich haben Sie im Rahmen Ihrer Schadensgeringhaltungspflicht den Schaden zu mindern und Folgeschäden abzuwenden. So sollte z. B. bei einem Glasbruch sofort eine Notverglasung durch einen Fachhandwerker durchgeführt werden. Berücksichtigen Sie dabei bitte, dass wirklich nur dann eine Schadensveränderung durchgeführt werden darf, wenn es unbedingt notwendig ist. Andernfalls dürfen Sie bis zur Feststellung des Schadens durch die Versicherungsgesellschaft nichts unternehmen.

Sie müssen damit rechnen, dass sich ein Sachverständiger Ihrer Versicherung den Schaden zwecks Regulierung anschauen möchte. Sollten sie sich nicht daran oder generell an Weisungen Ihres Versicherers halten, kann das zum Ausschluss seiner Regulierungspflicht führen. Das gilt jedoch nur, sofern Ihre Pflichtverletzung keinen Einfluss auf den Umfang des Schadensersatzes hat.

4.6.5.2 Kündigung der Versicherung

Eine Versicherung kann drei Monate bis zum Ablauf der Laufzeit gekündigt werden. Eine vorzeitige Kündigung ist beim Eintritt eines Schadensfalles möglich. Hier kann bis zu vier Wochen nach der Schadensregulierung gekündigt werden.

! **Beispiel**

Am 4.10.2015 fällt infolge eines starken Sturms ein Dachziegel herunter. Der Dachdecker erneuert diese. Seine Kleinrechnung reichen Sie bei Ihrer Sturmversicherung ein. Die Versicherung begleicht den Schaden am 7.11.2015. Sie haben also ein außerordentliches Kündigungsrecht bis zum 6.12.2015.

Was tun, wenn Ihnen Ihre Versicherungsgesellschaft kündigt?
Sollte die Schadensquote bzgl. der Kosten der Versicherung die Versicherungsbeiträge übersteigen, wird Ihnen Ihre Versicherung mitteilen, dass sie die Versicherungsprämie erhöht. Die Versicherung kann auch eine Erhöhung der Versicherungsprämie mit finanzieller Selbstbeteiligung im Schadensfall ankündigen. Es ist aber

auch möglich, dass Ihre Versicherung nur auf eine Selbstbeteiligung besteht. Im schlimmsten Fall kann sie den Versicherungsvertrag auch kündigen.

Sollte Ihnen Letzteres mitgeteilt werden: keine Panik!

Wenden Sie sich an einen Versicherungsmakler. Dieser findet einen neuen Versicherer, der Ihnen die entsprechende Versicherungsart anbietet. Achten Sie aber darauf, dass Sie beim Abschluss der neuen Versicherung die bisherigen Schäden angeben, sonst kann es sein, dass Sie im Schadensfall keine Regulierung erhalten.

Tipp !

Es kann Ihnen passieren, dass Ihnen eine Versicherung aufgrund einer hohen Schadensrate kündigt. Verhandeln Sie in einem solchen Fall mit der Versicherung. Vielleicht nimmt sie gegen eine Erhöhung der Versicherungsprämie oder den Einbau eines Selbstbeteiligungsbetrags die Kündigung zurück. Wenn nicht, ist das auch nicht tragisch. Schalten Sie einen Versicherungsmakler ein. Der sucht Ihnen eine neue Versicherung.
Allerdings gibt er bei der neuen Versicherung auch die Schadensrate an, sodass Sie wahrscheinlich eine höhere Prämie zahlen müssen. Aber Ihre Liegenschaft ist wieder versichert. Sollten einige Jahre keine Schäden mehr an Ihrem Objekt angefallen sein, drängen Sie darauf, dass die Prämie oder die Selbstbeteiligung wieder gesenkt wird.

4.6.6 Kostenanalyse

Zeitnah nach dem Beginn Ihrer Verwaltertätigkeit sollten Sie eine Kostenanalyse durchführen. Hierbei ist es durchaus möglich, dass Sie hohe Einsparpotenziale entdecken, so z. B. bei der Prüfung von Versicherungsverträgen. Wartungsverträgen, z. B. für die Heizung, Feuerlöscher und Aufzüge, oder Energielieferverträgen für Gas und Strom.

Entdecken Sie bei der Kostenanalyse Defizite, z. B. beim Leistungsumfang eines bestehenden Vertrags, passen Sie den entsprechenden Vertrag an bzw. kündigen Sie ihn und schließen Sie einen geeigneteren ab.

Bei einem Wechsel des Energielieferanten achten Sie bitte darauf, dass Sie nicht durch einen Neukundenbonus oder -tarif zur Vertragsunterzeichnung verleiten lassen. Schon nach kurzer Zeit sind Sie mit Ihrer Liegenschaft kein Neukunde mehr. Unter Umständen ist dann der normale Tarif teurer, als der Tarif vom Vorlieferanten.

Verhandeln Sie deshalb mit dem Vorlieferanten, ob er nicht einen anderen, preisgünstigeren Tarif für Sie hat. Eine andere Option ist der Abschluss eines Rahmenvertrags mit dem Energielieferanten über die Versorgung all Ihrer Objekte. Rahmenverträge werden auch vom Hausverwalterverband für ihre Mitglieder ausgehandelt.

! **Tipp**

Es empfiehlt sich nicht, einen Wartungsvertrag, der mit einer Herstellungsfirma oder einem Handwerker nach dem Neueinbau einer Anlage abgeschlossen wurde, innerhalb der Gewährleistungsfrist zu kündigen. Hier passiert es sehr oft, dass sich bei Mängeln der Hersteller und die neue Wartungsfirma gegenseitig für die Mängel verantwortlich machen. Da Sie nicht wissen, wer der Verantwortliche ist, müssen Sie unter Umständen einen Gutachter einschalten.

4.6.7 Hausmeister

Ein guter Hausmeister ist Gold wert und kann Ihnen viel Arbeit abnehmen. Suchen Sie sich deshalb Ihren neuen Hausmeister sehr genau aus.

Es ist heutzutage nicht mehr damit getan, dass sich ein Hausmeister gem. dem alten Verständnis dieses Berufs zum einen um Ordnung und die Einhaltung der Hausordnung und zum anderen um die Kontrolle von Reinigungsfirmen und Handwerkern sowie um kleinere handwerkliche Tätigkeiten wie die klassische Glühbirnenauswechselung im Treppenhaus kümmert. Sie können erwarten, dass Ihre Hausmeister fit in allen Bereichen der Abnahme von Wohnungen sind und über Kenntnisse in den Bereichen allgemeine Verkehrssicherungspflichten, besonders im Bereich Spielplatz- und Brandschutzverordnung, sowie Aufzugsanlagenordnung (Betriebssicherheitsverordnung) verfügen.

Hilfreich ist es auch, wenn Ihr Hausmeister aus dem handwerklichen Bereich kommt, z.B. aus dem Sanitärbereich. Möchten Sie, dass er die elektrischen Anlagen überwacht, hat er eine entsprechende Prüfung abzulegen bzw. das dementsprechende Zertifikat vorzulegen. Sonst haften Sie!

Achten Sie bitte außerdem darauf, dass er auch kommunikatives Geschick im Umgang mit den Mietern hat und sich nicht wie »Else Kling« oder »Hausmeister Krause« aufspielt.

Bitte denken Sie auch daran, dass ein Mieter, der Hausmeisterdienste ausführt, unter Umständen die ganze Mietergemeinschaft gegen Sie aufwiegeln kann, wenn Sie mit ihm uneins sind.

Beachten Sie bei der Kostenanalyse Ihre Mehrarbeit durch das Abführen von Lohnkosten, das Führen des Lohnkontos etc. Auch Ihr Aufwand bei der Ersatzsuche wegen einer Krankheit des Hausmeisters ist einzukalkulieren.

Fremdunternehmen besitzen einen ausreichenden, modernen Geräte- und Fuhrpark. Eine 24-Stunden-Rufbereitschaft sollte normal sein. Etliche dieser Dienstleister bieten ihre Tätigkeiten auch im Bereich Facility- oder Gebäudemanagement an. Holen Sie sich gem. Ihrem spezifizierten Leistungskatalog (umso genauer, desto besser) Angebote mit detaillierten Leistungsverzeichnissen und Preisen ein. Nur so können Sie Angebote vergleichen und auswerten.

Bitte achten Sie auch darauf, dass das Unternehmen, für das Sie sich letztendlich entscheiden, dass Mindestlohngesetz beachtet. Unter Umständen können Sie ansonsten mit haften.

Es gilt: Billig ist nicht immer preisgünstig!

5 Rund um die Mietverwaltungspraxis

Bei der Vermietung einer Wohnung ist besonderes Fingerspitzengefühl notwendig.

5.1 Anbahnung einer Neuvermietung

Bei der Anbahnung von Neuvermietungen kommt es darauf an, von vorneherein durch etliche Maßnahmen dafür Sorge zu tragen, dass der passende und solvente Mieter für die durch Sie verwaltete Immobilie gefunden wird.

Die hier folgenden Hinweise helfen Ihnen dabei:

- Achten Sie bitte bei der Mieterauswahl darauf, dass Sie nicht an ein kinderloses Paar vermieten, wenn in dem entsprechenden Objekt ansonsten nur Familien mit Kindern wohnen und umgekehrt.
- Bestehen Sie auf das Ausfüllen des Mieterselbstauskunftsformulars und prüfen Sie die Bonität des Mietinteressenten durch die letzten drei Gehaltsnachweise und eine Schufa-Auskunft.
- Recherchieren Sie auf www.insolvenzbekanntmachung.de, www.creditreform.de oder www.infoscore.de nach dem Mietinteressenten.
- Fragen Sie beim Einwohnermeldeamt nach, ob die angegebene Adresse stimmt.
- Lassen Sie sich nicht durch Kleidung, Schmuck oder Auftreten blenden.

Beispiel !

Bei mir bewarb sich einmal ein Ehepaar für eine 200-Quadratmeter-Wohnung in Toplage Frankfurt – Miete 2.100 EUR kalt. Die Ehefrau trug einen Pelzmantel mit viel Schmuck, er einen Anzug mit Cashmeremantel. Endlich hatte ich Mieter für meine bereits seit Monaten leerstehende Wohnung gefunden! Das Selbstauskunftsformular wurde ausgefüllt. Er gab bei Beruf an, er sei Privatier, sie Geschäftsführerin einer Firma in Hamburg und schrieb auch die Handelsregisternummer dazu. Als Wohnort gaben sie einen Ort im Taunus an, in dem die Reichen der Reichen leben. Auf meine Frage, warum sie aus diesem wunderschönen Ort in die Großstadt Frankfurt ziehen wollten, teilten beide mit, dass sie wieder mehr am gesellschaftlichen Leben Frankfurts teilnehmen wollen. Die Tochter sei jetzt im Internat, der Sohn studiere in England. Alles war perfekt – nicht ganz. Ich erhielt keine Schufa-Auskunft von ihnen. Sie hätten es nicht nötig, es wäre in ihren Kreisen auch nicht üblich.

Der Vermieter wurde ungeduldig, da die Wohnung schon so lange leer stand. In meinem Verwaltervertrag stand aber, dass ich mir eine Schufa-Auskunft vorlegen lassen müsste. Ich konnte mir die Auskunft auch nicht selbst einholen – dazu benötigte ich die Einwilligung der Mietinteressenten. Ich hatte ein komisches Gefühl und entschied mich dafür, eine Auskunftsdatei einzuschalten und rief auch das Handelsregister in Hamburg an.
Mein Gefühl gab mir recht. Es gab weder eine Firma mit dem angegebenen Namen noch überhaupt die Handelsregisternummer in Hamburg. Der Privatier war nur deshalb Privatier, weil er die eidesstattliche Versicherung über sein Vermögen abgegeben hatte. Die Interessenten hätten weder die Miete noch die Kaution zahlen können. Aber das Auftreten war sehr stilvoll!

Um ganz auf Nummer sicher zu gehen, empfehle ich Ihnen zusätzlich einen Blick in die Schuldnerkartei und in die öffentlichen Register beim Amtsgericht zu werfen, an dem der Mietinteressent seinen Wohnsitz hat.

Unter www.Insolvenzbekanntmachungen.de können Sie alle Bekanntmachungen des Insolvenzgerichts im Internet abrufen. So sparen Sie sich unliebsame Überraschungen.

Sollten Sie noch Zweifel haben, ob ein Mietinteressent der Richtige ist, oder wenn »die Chemie« nicht stimmt, vermieten Sie an einen anderen. Denken Sie daran: Sie müssen eventuell. jahrelang mit dem Interessenten zusammenarbeiten.

!

Achtung

Bei der Vorlage von »Vermieterzeugnissen« ist Vorsicht geboten! Oft genug stellen Vermieter einem nicht zahlenden Mieter oder einem Mietquerulanten ein gutes Vermieterzeugnis aus. Aus diesem kann hervorgehen, dass das Mietverhältnis bislang einwandfrei war und der Mieter seinen Zahlungsverpflichtungen nachkam. Wie wollen Sie das Gegenteil beweisen?

ARBEITS-
HILFE
ONLINE

Checkliste: Neuvermietung

Bei den Arbeitshilfen online finden Sie eine Checkliste zum Thema »Neuvermietung« als Download.

5.1.1 Zusammenarbeit mit Maklern

Unabhängig von der Zeitersparnis besteht der Vorteil einer Zusammenarbeit mit einem Makler darin, dass der Makler meist bereits über eine Kundenkartei verfügt.

Außerdem können Sie den Makler bei der Mietpreisfindung mit einbeziehen, weil er durch regelmäßige Marktanalysen in der Lage ist, den Mietpreis zu ermitteln. Ein Nachteil ist allerdings, dass das Bestellerprinzip gilt. Das heißt: Wenn Sie einen Makler beauftragen, zahlen Sie als Besteller seine Courtage.

Beispiel !

Die Kaltmiete ohne Nebenkostenvorauszahlung beträgt 1.000 EUR. Die Maklerprovision beträgt 2 x 1.000 EUR zzgl. Umsatzsteuer, also 2.000 EUR + 190 EUR Umsatzsteuer. Zusammen macht das 2.190 EUR.

5.1.2 Selbstakquirierung von Neumietern

Sollten Sie selbst vermieten wollen, kommen mehrere Akquirierungsmöglichkeiten infrage:

- Internetplatzierungen (Immowelt, Immobilienscout etc.),
- eigene Homepage,
- Aushang in verwalteten Häusern,
- Mitteilung an den Hausmeister,
- Rundschreiben an potenzielle Mieter aus Ihrer Mieterkartei,
- Zeitungswerbung,
- Vermietungsschilder am Objekt.

5.1.2.1 Durchführung des Besichtigungstermins

Bei der Durchführung eines Besichtigungstermins haben Sie in der Regel zwei Möglichkeiten:

- **Sammeltermin**
  Sammeltermine eignen sich bei Wohnungen, die dem Mietermarkt entsprechen, also immer dann, wenn das Preis-Leistungs-Verhältnis stimmt. Mehrere Mieter, die sich um eine Wohnung bewerben, werden gemeinsam zu einer Besichtigung bestellt. Ihr Vorteil besteht darin, dass Sie Zeit sparen und ein gewisser Konkurrenzdruck bei den Interessenten entsteht. Allerdings ist es schwierig, alle Interessenten kennenzulernen, und es besteht die Gefahr, dass Interessenten, die kein Interesse an der Wohnung haben, andere Interessenten negativ beeinflussen.

Vereinbaren Sie deshalb höchstens mit drei potenziellen Mietern einen gemeinsamen Termin. Das erscheint Ihnen zu viel? Aus Erfahrung weiß ich: Ein Mieter kommt zu früh, der andere zu spät und der dritte gar nicht. Sollte Ihnen ein Interessent als geeignet erscheinen, markieren Sie das Selbstauskunftsformular, damit Sie ihn später noch zuordnen können.

- **Einzeltermin**
  Unbedingt erforderlich sind Einzeltermine, wenn es sich um Wohnungen mit gehobenem Standard und einem dementsprechenden Mietpreis handelt. Sie müssen davon ausgehen, dass sich nur wenige Mietinteressenten für die Wohnungen bewerben. Für diese Klientel sollten Sie sich ausreichend Zeit nehmen.

5.1.2.2 Das Selbstauskunftsformular

Bitte beachten Sie, dass Sie in einem Selbstauskunftsformular nicht alles abfragen dürfen, was Sie interessiert. So dürfen Sie weder nach der Staatsangehörigkeit, der Religion, der Rasse oder der Weltanschauung fragen. Auch ist es nicht zulässig, zu erfragen, welchen Pkw Ihr Interessent fährt. Fragen nach Behinderungen oder sexuellen Neigungen sind ebenfalls tabu. Generell gilt: Sie dürfen nur solche Fragen stellen, die Ihre schutzwürdigen und berechtigten Interessen betreffen.

Sie dürfen also z. B. fragen, welchen Beruf der Interessent ausübt, wie hoch sein Einkommen ist und/oder wie viele Personen in die Wohnung einziehen wollen. Und: Diese Fragen müssen wahrheitsgemäß beantwortet werden, sonst können Sie einen bereits abgeschlossenen Mietvertrag kündigen.

Dagegen können Fragen, die Sie nicht stellen dürfen, durchaus falsch beantwortet werden!

! **Beispiel**

Ihr Eigentümer bittet Sie darum, in der Selbstauskunft unbedingt die Frage zu stellen, ob bei weiblichen Interessentinnen eine Schwangerschaft oder ein Kinderwunsch vorliegt. Er will nämlich keine Kinder im Haus haben. Die Interessentin darf diese Frage falsch beantworten.

5.1.2.3 Einhaltung von wissenswerten Gesetzen vor dem Abschluss eines Mietvertrags

Bevor Sie sich endgültig für einen Mietinteressenten entscheiden, sollten Sie unbedingt die folgenden überaus wichtigen Kapitel beachten. Wir beginnen mit dem allgemeinen Gleichbehandlungsgesetz. Es besagt, dass Sie Ihre Wohnung nicht ohne Weiteres einfach an denjenigen vermieten können, den Sie selbst für den geeignetsten Mieter halten, bzw. dass Sie andere Mietinteressenten nicht grundlos benachteiligen dürfen.

Allgemeines Gleichbehandlungsgesetz (AGG)
Das AGG ist am 18.8.2006 in Kraft getreten. Es sieht vor, dass Benachteiligungen wegen Rasse, ethnischer Herkunft, Religion, Weltanschauung, Behinderung, Alter und sexueller Identität sanktioniert werden.

Bitte beachte Sie, dass das AGG grundsätzlich für alle Mietverhältnisse anwendbar ist, unabhängig davon, ob es sich um Wohn- oder Gewerberaum handelt. Im Hinblick auf Benachteiligungen bzgl. Geschlecht, Religion, Behinderung, Alter und sexueller Identität sind Sanktionen bei mehr als 50 vermieteten Wohnungen vorgesehen. Eine Benachteiligung aus Gründen der Rasse oder wegen der ethnischen Herkunft ist unzulässig. Dabei ist es unerheblich, wie viele Einheiten im Bestand sind. Wenn im Streitfall Ihr Mietinteressent Indizien aufweist, die eine Benachteiligung aus den o. g. Gründen vermuten lassen, tragen Sie die Beweislast dafür, dass kein Verstoß gegen die Bestimmungen zum Schutz vor Benachteiligungen vorlag.

Als Folge eines Verstoßes kann der Benachteiligte über einen Rechtsanwalt oder einen Interessenverband Schadensersatz geltend machen oder, wenn möglich, die Beseitigung der Benachteiligung erhalten. Das heißt: Er kann verlangen, dass er die Wohnung doch anmieten kann. Was machen Sie aber, wenn Sie die Wohnung bereits an einen anderen vermietet haben? Oder er mietet sich eine andere Wohnung über einen Makler und Sie zahlen die Maklercourtage. Das Diskriminierungsverbot gilt jedoch nicht bei Verträgen, bei denen ein besonderes Nähe- und Vertrauensverhältnis zwischen den Angehörigen der Parteien begründet wird (z. B. Vermieter und Mieter leben im gleichen Haus oder auf dem gleichen Grundstück).

Führen Sie also zwecks Absicherung genaue Aufzeichnung, warum Sie sich für den einen und gegen den anderen Mietinteressenten entschieden haben, z. B. unsichere

Einkommensverhältnisse, private Insolvenz, Negativauskunft der Bank oder Schufa. Lassen Sie sich auch weiterhin ein Selbstauskunftsformular ausfüllen. Sollte der Interessent die Abgabe der schriftlichen Selbstauskunft verweigern oder beantwortet er die darin enthaltenen zulässigen Fragen nicht oder nicht vollständig, begründet das bereits einen sachlichen Ablehnungsgrund.

Sollten Sie sich unter Einbeziehung des allgemeinen Gleichbehandlungsgesetzes für einen geeigneten Mietinteressenten entschieden haben, muss dies gem. dem Bundesmeldegesetz dem zuständigen Einwohnermeldeamt mitgeteilt werden

Bundesmeldegesetz (BMG)
Am 1.11.2015 trat das Bundesmeldegesetz in Kraft. Mit seinem Inkrafttreten wurden die bis dahin geltenden einzelnen Landesmeldegesetze der Bundesländer ersetzt und das Melderecht bundesweit vereinheitlicht.

Eine wesentliche Neuregelung bezieht sich auch auf die Mietverwaltungen. Sie haben seit dem 1.11.2015 wieder eine Mitwirkungspflicht bei der Anmeldung von Mietern, um Scheinanmeldungen zu verringern oder ganz auszuschließen.

Neue Verbraucherrechtsreform (Widerrufsrecht bei Haustürverträgen Fernabfrageverträge, auch in der Immobilienwirtschaft gültig)
Am 20.9.2013 wurde das Deutsche Umsetzungsgesetz (VRRLImsG) beschlossen und ist zum 13.6.2014 in Kraft getreten. Diese Verbraucherschutznormen wirken sich auch auf das Mietrecht aus. So beziehen sich die Vorschriften der §§ 312 ff. BGB auf alle Verträge, also auch Mietverträge, in denen sich ein Verbraucher (Mieter) zu einer Gegenleistung (Zahlung) von Mietentgelt oder z. B. Mietkaution als Sicherungsleistung verpflichtet.

Das Widerrufsrecht bei Haustürverträgen schützt Verbraucher, auch unsere Mietinteressenten, vor Überrumpelungen.

! **Beispiel**

Herr Meier, ein Mietinteressent, schaut sich eine Dreizimmerwohnung an. Der Hausverwalter preist die Wohnung an und teilt außerdem mit, dass er noch andere Interessenten hätte und Herr Meier sofort den vom Hausverwalter mitgebrachten Mietvertrag unterzeichnen muss, wenn er die Wohnung haben möchte. Herr Meier ist sich zwar noch nicht ganz schlüssig,

hat aber Angst, dass er sich zu spät entscheidet und die Wohnung dann anderweitig vergeben wird.
Hier hat der Hausverwalter Herrn Meier überrumpelt. Herr Meier schloss unüberlegt einen Mietvertrag ab, da er nicht genügend Zeit zum Überdenken hatte.

Bitte schließen Sie deshalb den Mietvertrag nicht am Besichtigungstag in der zu vermietenden Wohnung ab, sondern vereinbaren Sie einen Termin zur Vertragsunterzeichnung, an dem Sie sich mit dem Mietinteressenten in Ihrem Büro zur Mietvertragsunterzeichnung treffen. So kann der Mieter den Mietvertrag hinterher nicht mit dem Einwand eines Haustürgeschäfts widerrufen und Sie haben nicht die Arbeit, einen neuen Mieter zu suchen.

Verbraucherverträge

Als Mietverwalter vertreten Sie die sog. Unternehmerseite, der Mieter die Verbraucherseite. Als Unternehmer gilt jede natürliche juristische Person oder rechtsfähige Personengesellschaft, die bei einem Rechtsabschluss in Ausübung einer gewerblichen oder selbstständig beruflichen Tätigkeit handelt.

Der Mieter steht hierbei auf der Seite des Verbrauchers, wenn es sich bei ihm gem. § 13 Abs. 1 BGB ff. um eine natürliche Person handelt, die ein Rechtsgeschäft zu Zwecken abschließt, die überwiegend weder einer gewerblichen noch einer selbstständigen beruflichen Tätigkeit zugeordnet werden können.

Beispiel !

- Ein Geschäftsmann kauft sich privat ein Auto – er ist Verbraucher. Das Widerrufsrecht findet also Anwendung.
- Ein Geschäftsmann kauft sich ein Auto für die Pkw-Flotte seines Unternehmens – er ist Unternehmer. Das Widerrufsrecht findet keine Anwendung.
- Klassischer Fall:Wohnraummieter.

Bitte überprüfen Sie im Zweifelsfall den Nutzungs- und den Vertragszweck.

Ein Immobilienmakler, der in seiner Wohnung nur ein Zimmer als Büro, aber keinen bzw. kaum Kundenverkehr in seiner Wohnung hat, gehört zu den Wohnraummietern. Er empfängt seine Immobilienkunden überwiegend am Objekt.

Fernabfrageverträge gem. §§ 312c ff. BGB
Es handelt sich um Fernabfrageverträge, wenn die Hausverwaltung (Unternehmer) für die Mietvertragsverhandlung und den Mietvertragsabschluss nur Fernkommunikationsmittel verwendet. Das können z. B. sein:

- Fax,
- SMS,
- E-Mail,
- Briefe,
- Anrufe,
- Prospekte/Kataloge.

Problematisch ist es rechtlich, wenn vor dem Mietvertragsabschluss persönliche Verhandlungen stattgefunden haben, der Vertrag aber per E-Mail erfolgt ist. Weil der Vertrag nicht ausschließlich über elektronische Kommunikationsmittel geschlossen wurde, ist eine einwandfreie Zuordnung nicht möglich.

Verträge außerhalb von Geschäftsräumen nach §§ 312b ff. BGB
Die §§ 312b ff. behandeln sog. Außergeschäftsraumverträge (AGV).

Bei diesen erfolgen Angebote oder Verträge bei gleichzeitiger persönlicher Anwesenheit des Hausverwalters und des Mieters an einem Ort außerhalb eines Geschäftsraums des Hausverwalters. Betroffen sind auch Vertragsabschlüsse im Geschäftsraum des Hausverwalters, sofern zuvor Verhandlungen und Besprechungen mit dem Mietinteressenten, also dem Verbraucher, außerhalb der Geschäftsräume stattgefunden haben.

Bei der Begründung von Wohnraummietverhältnissen muss wie folgt unterschieden werden:

Vertragsabschluss	Widerrufsrecht	Zu beachten
Vertragsabschluss mit Besichtigung	Kein Widerrufsrecht, generell	Informationspflicht vor Mietvertragsabschluss: 1. Name, Identität des Vermieters 2. Zahlungen, die über die Miete hinausgehen, müssen ausdrücklich erfasst werden, z. B. Kaution
Vertragsabschluss ohne Besichtigung	Widerrufsrecht für Verbraucher, wenn das Fernabsatzgeschäft oder der Mietvertragsabschluss außerhalb der Geschäftsräume erfolgt	Informationspflicht vor Mietvertragsabschluss: 1. wesentliche Eigenschaften der Wohnung 2. Identität, Anschrift, Telefonnummer der Hausverwaltung 3. Miethöhe, Mietbeginn, Zahlungsbedingungen 4. gesetzliches Mangelhaftungsrecht, z. B. Mietminderung 5. Kündigungsmöglichkeiten bei befristeten Verträgen und Vertragsdauer bei befristeten Verträgen 6. Kautionsbedingungen

Widerrufsrecht

Achtung !

Bitte denken Sie daran, dass Sie – sofern Ihr Mieter ein Widerrufsrecht hat – ihn darüber aufklären. Händigen Sie ihm das Musterwiderrufsformular aus und lassen Sie sich die Aushändigung auf einer Kopie mit Ort, Datum und eigenhändiger Unterschrift bestätigen.

Der Mieter kann:

- mittels einer eindeutigen Erklärung innerhalb von vierzehn Tagen ohne Angabe von Gründen (beginnend ab Vertragsabschluss) widerrufen und
- seine eventuell bereits gezahlten Gelder gem. § 357 Abs. 1 ff. BGB zurückfordern.

Ein Wertersatz für den Hausverwalter erfolgt nur, wenn beim Vertragsabschluss eine ordnungsgemäße Widerrufsbelehrung erfolgt ist. Dabei hat der Hausverwalter die Pflicht, den Mieter (Verbraucher) über den Wertersatz aufzuklären.

Erfolgt keine oder keine ordnungsgemäße Widerrufsbelehrung, erlischt das Widerrufsrecht erst nach zwölf Monaten und vierzehn Tagen nach Vertragsabschluss.

!

Wichtig

Kommen Sie Ihrer Informationspflicht nicht oder nur schlecht nach, entstehen auch Schadensersatzansprüche des Mieters.

Sie können keinen Widerrufsauschluss oder eine zum Nachteil des Mieters (Verbrauchers) abweichende Vereinbarung treffen. Das Widerrufsrecht anders zu gestalten, ist ebenfalls nicht möglich, weil es sonst seine Rechtsgültigkeit verliert.

Widerrufsrecht bei Aufhebungsverträgen und Änderungen von Wohnraummietverträgen

Das Widerrufsrecht gilt in seiner Form z. B. auch

- für Aufhebungsvereinbarungen,
- bei wesentlichen Vertragsveränderungen,
- bei Zustimmungen zu Mietverträgen und
- bei Modernisierungsvereinbarungen.

ARBEITS-HILFE ONLINE

Widerrufsbelehrung (Auszug Muster IHK München)

Widerrufsrecht

Sie haben das Recht, binnen vierzehn Tagen ohne Angabe von Gründen diesen Vertrag zu widerrufen.

Die Widerrufsfrist beträgt vierzehn Tage ab dem Tag __________.

Um Ihr Widerrufsrecht auszuüben, müssen Sie uns (________) mittels eindeutiger Erklärung (z. B. ein mit der Post versandter Brief, Telefax oder E-Mail) über Ihren Entschluss, diesen Vertrag zu wiederrufen, informieren. Sie können dafür das beigefügte Muster-Widerrufsformular verwenden, das jedoch nicht vorgeschrieben ist.

Zur Wahrung der Widerrufsfrist reicht es aus, dass Sie die Mitteilung über die Ausübung des Widerrufsrechts vor Ablauf der Widerrufsfrist absenden.

Folgen des Widerrufs

Wenn Sie diesen Vertrag widerrufen, haben wir Ihnen alle Zahlungen, die wir von Ihnen erhalten haben, unverzüglich und spätestens binnen vierzehn Tagen ab dem Tag zurückzuzahlen, an dem die Mitteilung über Ihren Widerruf dieses Vertrags bei uns eingegangen ist. Für diese Rückzahlung verwenden wir dasselbe Zahlungsmittel, das Sie bei der ursprünglichen Zahlung eingesetzt haben, es sei denn, mit Ihnen wurde ausdrücklich etwas anderes vereinbart; in keinem Fall werden Ihnen wegen dieser Rückzahlung Entgelte berechnet.

Nachdem nun alle wichtigen Punkte, die bei der Mietersuche und vor dem Abschluss eines Mietvertrages einzuhalten sind, geklärt sind, kommen wir endlich zum eigentlichen Mietvertrag und seinen Mindestanforderungen.

5.2 Der Mietvertrag

Mindestanforderungen:

- **Vertragsparteien**
  Achten Sie bitte darauf, dass alle Personen die als Mieter im Mietvertrag angegeben wurde, auch unterschreiben. Bei Eheleuten oder Paaren, die gemeinsam einziehen wollen, nehmen Sie bitte beide als Mietparteien auf. Diese haften im Fall von z. B. Mietschulden gemeinschaftlich.

Wichtig !

Der Mietvertrag darf nur von Personen unterschrieben werden, die befugt sind. Bei einer GmbH darf z. B. nicht der Sachbearbeiter unterzeichnen, sondern nur der, der im Handelsregister eingetragen ist. Dies kann z. B. der Geschäftsführer sein.
Ansonsten kam kein Mietvertrag zustande!

- **Mietobjekt**
  Bitte geben Sie den Mietgegenstand so genau wie möglich an:
  - Straße, Hausnummer und Ort,
  - Wohnungsnummer,
  - Geschoss + Lage (rechts, links),
  - Abstellräume, Balkon, Garten, Keller etc.
- **Miete und Nebenkostenvorauszahlung (NKVZ)**
  Gemäß Gesetz ist die Miete bis zum dritten Werktag des Monats im Voraus kostenfrei auf das Konto des Vermieters zu zahlen. Bitte vereinbaren Sie den gleichen Modus auch für die Nebenkostenvorauszahlung.
- **Betriebskosten**
  Die Betriebskosten ergeben sich aus den §§ 556 Abs. 1 BGB sowie § 2 Betriebskostenverordnung (BtrKV). Sie finden diese gesondert in Kapitel 6.2.3. Bitte verwenden Sie nur noch die Umlagenschlüssel Verbrauch und Quadratmeter.

! **Tipp**

Sollten Sie in einer Wohnungseigentumsanlage Wohnungen als Sondereigentumsverwalter betreuen, bietet es sich an, anstelle von Quadratmetern Miteigentumsanteile anzugeben. So sparen Sie sich das Umrechnen von Miteigentumsanteilen in Quadratmeter.

! **Achtung**

Sofern eine Kostenart zurzeit nicht anfällt, streichen Sie sie bitte nicht durch! Sollte sie doch irgendwann einmal anfallen, können Sie sie nicht mehr an Ihre Mieter weiterberechnen. Besser ist, Sie schreiben hinter die betreffende Betriebskostenart »zurzeit 0,00 Euro«. So haben Sie die Möglichkeit, sie ggf. zu einem späteren Zeitpunkt und bei Neuentstehung von Kosten an die Mieter weiterzuberechnen.

Denken Sie bspw. an Folgendes: Die Mieter kommen ihrer mietvertraglichen Verpflichtung zur Reinigung des Treppenhauses nicht nach, deshalb sind Sie gezwungen, eine Reinigungsfirma mit der Säuberung zu beauftragen. Die angefallenen Kosten können Sie in die Betriebskostenabrechnung mit aufnehmen.

Achten Sie bitte darauf, eine Klausel in Ihren Mietvertrag aufzunehmen, die Sie dazu berechtigt, einen Verteilerschlüssel mit der Abrechnung über die Betriebskosten des ersten Abrechnungsjahrs nach Ihrem billigen Ermessen im Rahmen der gesetzlichen Möglichkeiten festzulegen.

- **Vertragszweck**
  Geben Sie den Vertragszweck bitte genau an, damit es nicht zu Missverständnissen kommt. Sie vermieten Wohnraum, der Mieter eröffnet aber ein Kosmetikstudio.
- **Beginn des Mietverhältnisses**
  Beim Erstbezug eines Neubaus verlassen Sie sich bitte nicht auf die Angaben der Handwerker, wann das Objekt bezugsfertig ist. Terminieren Sie den Mietvertrag auf einen späteren Zeitpunkt. Sonst können Schadensersatzforderungen vonseiten des Mieters auf Sie zukommen, wenn das Objekt zum angegebenen Zeitpunkt noch nicht fertig ist und die Wohnung noch nicht an den Mieter übergeben werden kann.
- **Begehungsrecht der Wohnung**
  Entgegen der in vielen Mietverträgen enthaltenen Klausel, nach der Sie dazu berechtigt sind, Ihre Wohnung ohne berechtigtes Interesse zu begehen, ist dies nicht erlaubt. Das gilt auch, wenn Sie seit Jahren nicht mehr in der vermieteten Wohnung waren. Es reicht auch nicht, wenn der Mietvertrag eine Formularklausel enthält, derzufolge der Vermieter dazu berechtigt ist, die Mieträumlichkeiten nach vorheriger Ankündigung zur Überprüfung des Wohnungszustands zu be-

sichtigen. Gemäß § 301 Abs. 1. BGB wird dadurch der Mieter unangemessen benachteiligt, weil es sich um ein anlassloses Betretungsrecht handelt. Zu diesem Thema ergingen zahlreiche Entscheidungen/Urteile[2].
Während der Dauer des Mietvertrags ist das alleinige und uneingeschränkte Gebrauchsrecht an der Wohnung dem Mieter zugewiesen. Zudem steht die Wohnung des Mieters als die räumliche Sphäre, in der sich das Privatleben entfaltet, unter dem Schutz des Art. 13, Abs. 1 Grundgesetz, der das Recht gewährleistet, in diesen Räumen »in Ruhe gelassen zu werden«[3].
Eine vertragliche Nebenpflicht des Mieters, dem Vermieter nach einer entsprechenden Vorankündigung den Zutritt zu seiner Wohnung zu gewähren, besteht demnach nur dann, wenn es hierfür einen sachlichen, konkreten Grund gibt.

Beispiel 1 !

Im Rahmen der ordnungsgemäßen Bewirtschaftung soll der Wasserzähler durch einen Handwerker ausgetauscht werden. In einem solchen Fall muss der Mieter den Handwerker hereinlassen.

Beispiel 2 !

Sie haben ein Objekt übernommen und wollen sich die Wohnung Nr. 10, die vermietet ist, anschauen. Ihr Mieter muss sie nicht hineinlassen.

- **Schönheitsreparaturen/Renovierungsverpflichtungen**
  Eine Formularklausel, die dem Mieter einer unrenovierten Wohnung die Schönheitsreparaturen ohne angemessenen Ausgleich auferlegt, ist nach neuer Auffassung des BGH unwirksam, denn eine solche Klausel verpflichtet den Mieter dazu, sämtliche Gebrauchsspuren des Vormieters zu beseitigen. Das würde dazu führen, dass der Mieter die Wohnung vorzeitig renovieren oder ggf. in einem besseren Zustand zurückgeben müsste, als er sie selbst vom Vermieter erhalten hat. Unter Umständen muss im Einzelfall beurteilt werden, was als renoviert oder unrenoviert gilt.
  Auch an seiner früheren Rechtsprechung zur Wirksamkeit formularmäßiger Quotenabgeltungsklauseln hält der BGH nicht mehr fest. Bisher sahen es die Bun-

2 So z. B. BGH, Urteil v. 4.6.2014, AZ VIII ZR 289/13, und AG Stuttgart-Bad Cannstatt v. 27.10.2014, AZ 6C1267/14.
3 Vgl. BVG, Beschlüsse v. 26.5.1993, 1 BVR 208-93, und BVG, Beschlüsse v. 16.1.2004, 1 BVR 2285/03, NZM 04, 186,187.

desrichter grundsätzlich als zulässig an, dem Mieter anteilig Kosten für Schönheitsreparaturen aufzuerlegen für den Fall, dass die Schönheitsreparaturen beim Auszug des Mieters nach dem im Mietvertrag festgelegten Fristenplan noch nicht fällig sind. Der BGH hat nun jedoch entschieden, dass eine Benachteiligung des Mieters darin zu sehen ist, dass der auf ihn entfallene Kostenanteil nicht genauestens zu ermitteln ist und er bei Mietvertragsabschluss daher nicht genau weiß, was auf ihn zukommt.

- **Form des Abschlusses:**
  - Zunächst: Genau wie früher beim Pferdehandel können Sie auch heute noch Mietverträge per Handschlag abschließen, wenn sich die Laufzeit der Verträge unter einem Jahr liegt. Natürlich müssen Sie und Ihr Mieter sich über die Hauptbedingungen und Pflichten einig sein, also darüber, was wird vermietet, zu welchem Zweck, zu welcher Miethöhe etc. Aus Gründen der Rechtssicherheit sollten Sie aber einen schriftlichen Mietvertrag abschließen.
  - Bei einer beabsichtigten Laufzeit von über einem Jahr: Hier gilt die Schriftform, d. h., der Mietvertrag wird schriftlich abgeschlossen und ist von beiden Parteien zu unterzeichnen. Ist dies nicht der Fall, gilt der Vertrag auf unbestimmte Zeit geschlossen und die Kündigung ist frühestens zum Ende des ersten Jahres zulässig.
  - Schriftform: Schriftform heißt, dass eine eigenhändige Unterzeichnung am Ende des Mietvertragstexts erforderlich ist – von allen Mietvertragsparteien, so z. B. bei einer Erbengemeinschaft von allen Erben, sofern keiner von ihnen durch die anderen Miterben bevollmächtigt wurde.
  - Anlagen müssen mit dem Vertrag verbunden oder paraphiert sein (im Hauptvertrag darauf hinweisen).
  - Unter Paraphieren versteht man, dass Sie und Ihr Mietinteressent jede Seite des Mietvertrags mit einem Namenskürzel versehen. Die Namenskürzel sollten z. B. in der rechten unteren Ecke stehen. Der Vorteil dieses Verfahrens ist, dass keine Partei einfach eine Seite des Mietvertrags gegen eine neue mit anderen Vereinbarungen austauschen kann. Sollte es doch gemacht und auch Ihr Kürzel gefälscht werden, gilt hier der Tatbestand der Urkundenfälschung als erfüllt.

! **Tipp**

Ich empfehle Ihnen, nicht selbst einen Mietvertrag zu erstellen, sondern sich an Formularmietverträgen zu bedienen. Formularmietverträge erhalten Sie bei verschiedenen Fachverlagen in der Immobilienwirtschaft, Haus- und Grundbuchvereinen.

Pflichten des Vermieters

Sie sind als Vermieter verpflichtet, Ihrem Mieter während der Mietdauer den Gebrauch der Mietsache zu gewährleisten. Gilt dies auch, wenn Ihr Mieter Sie auffordert, sein Wohnungsschloss auf Kosten des Eigentümers zu erneuern, weil die Kinder des Nachbarn das Schloss mit Kaugummi so verklebt haben, dass Ihr Mieter es nicht mehr aufschließen kann? Ja, weil Sie Miete dafür erhalten, dass Ihr Mieter jederzeit in seine Wohnung gelangen kann.

Eine Mietsache während der Mietzeit in einem vertragsgemäßen Zustand zu überlassen und zu erhalten, bedeutet z. B., dass Sie die Beleuchtung des Treppenhauses und den gefahrlosen Zugang zu den Mieträumen gewährleisten und technische Einrichtungen warten müssen. Sonst hat der Mieter die Möglichkeit, die Miete zu mindern.

Tipp !

Sollte die Heizung im Winter ausfallen, hat Ihr Mieter das Recht auf eine 100%-ige Mietminderung. Sie können die Mietminderung umgehen, indem Sie sofort Heizlüfter in den Wohnungen aufstellen lassen.

Pflichten des Mieters

Zu den Hauptpflichten des Mieters zählt natürlich an erster Stelle die pünktliche und komplette Zahlung der Miete und der Nebenkosten. Außerdem hat Ihr Mieter die Wohnung vertragsmäßig zu Wohnzwecken zu nutzen, nicht z. B. für eine Schneiderei, und die Wohnung selbst wie auch die dazugehörigen Anlagen, z. B. Balkone oder Kellerräume, pfleglich zu behandeln. Dazu gehören regelmäßiges Reinigen, Lüften und Heizen. Selbstverständlich sind Schäden fernzuhalten. Sollte es tatsächlich zu Schäden oder Mängeln kommen, muss der Mieter sie Ihnen unverzüglich angezeigt, damit sie sich nicht verstärken. Sollte der Mieter nicht sofort tätig werden und sich der Mangel vergrößern, ist er Ihnen bzw. dem Eigentümer gegenüber schadensersatzpflichtig. Bei der Beendigung des Mietverhältnisses ist die Wohnung im vertragsgemäß vereinbarten Zustand zurückzugeben.

Beispiel !

Ihr Mieter stellt fest, dass der Heizkörper im Wohnzimmer durchgerostet ist und viel Wasser auf den Parkettboden tropft. Erst Wochen später, als der Boden bereits aufgequollen ist, benachrichtigt er sie. Das Ergebnis: Der Parkettboden muss teilweise herausgerissen werden. Die Decke und der Teppichboden der darunterliegenden Wohnung wurden dadurch in Mitleidenschaft gezogen. Die Decke musste neu gestrichen werden, der Teppichboden getrocknet. Der Mieter dieser Wohnung machte eine Mietminderung geltend.

5.3 Die Mietkaution

Ein wichtiges Thema, bei dem immer noch sehr oft Unsicherheit besteht, ist die Mietkaution. Grundsätzlich gilt gem. § 551 BGB: Sofern der Mieter für seine Pflichterfüllung seinem Vermieter gegenüber eine Sicherheit zu leisten hat, darf diese bei Wohnraum höchstens drei Mieten ohne Betriebskosten (sei es Pauschale oder Vorauszahlung) betragen.

Der Mieter hat das Recht, die Kaution in drei gleichen monatlichen Teilbeträgen zu zahlen, von denen die erste Teilzahlung zu Beginn des Mietverhältnisses fällig ist. Die restlichen beiden Raten sind zusammen mit den beiden folgenden Mietzahlungen zahlbar, also bis zum dritten Werktag des Monats.

! **Tipp**

Sollte Ihr Mieter Sie darauf hinweisen, dass Sie die Schlüsselübergabe nicht von der Zahlung der kompletten Mietkaution abhängig machen dürfen, haben Sie die Möglichkeit, den Zahlungseingang der ersten Teilzahlung als Bedingung zur Übergabe der Schlüssel zu machen.

Der Vermieter bzw. Sie als Mietverwalter sind verpflichtet, die als Sicherheit überlassene Geldsumme bei einem Kreditinstitut zu dem für Spareinlagen mit dreimonatiger Kündigungsfrist üblichen Zinssatz anzulegen. Sie haben aber auch die Möglichkeit, eine andere Anlageform zu wählen. Das setzt aber unbedingt eine entsprechende Vereinbarung zwischen Ihnen und Ihrem Mieter voraus. Dabei ist eine zum Nachteil des Mieters abweichende Vereinbarung immer unwirksam!

! **Achtung**

Achten Sie bitte darauf, dass Sie die Kaution auf ein separates Sparbuch/Konto, also getrennt von Ihrem Vermögen, anlegen. Man könnte Ihnen sonst unterstellen, Sie wollten die Kaution unterschlagen.

Sparbuch mit Vorpfändung

Sehen Sie bitte von einer Anlage auf ein vom Mieter angelegtes Sparbuch mit Vorpfändung für den Vermieter ab. Zumindest dann, wenn für den Ausgleich Ihrer Forderung die Unterschrift des Mieters für die Freigabe der Kaution benötigt wird. In einem Streitfall ist die Kaution dann oft genug nur schwer zu erhalten.

Sammelkonto

Sie haben auch die Möglichkeit, alle Mietkautionen auf ein Sammelkonto zu überweisen. In diesem Fall sind Sie als Treuhänder anzusehen. Solange Sie keine Forderungen gegen den Mieter haben, dürfen Sie sich nicht an der Kaution bedienen. Das gilt jedoch nicht bei Verrechnung von Forderungen gegenüber Ihrem Mieter, z. B. bei Nichtzahlung von Miete und/oder Betriebskosten. Hier haben Sie das Recht, vom Mieter die Wiederauffüllung der Kaution bis zu maximal drei Monatsmieten zu verlangen.

Bürgschaft

Altbewährt ist auch die Form der Bankbürgschaft zur Sicherung Ihrer Forderungen. Bankbürgschaften geben Ihnen zugleich einen Hinweis auf die Bonität Ihres Mieters, weil Banken natürlich nur dann eine Bürgschaft gewähren, wenn die Bonität des Kunden dafür ausreicht. Der Mieter zahlt für das Ausstellen der Bürgschaft einen jährlichen Avalzins an seine Bank.

Wichtig !

Bitte lassen Sie unbedingt die folgenden Punkte in die Bankbürgschaft mit aufnehmen:

- Gemäß § 770 BGB – Einrede der Anfechtbarkeit und Aufrechenbarkeit.
- § 771 BGB – Einrede der Vorausklage.

Achten Sie außerdem darauf, dass Ihre Forderung sofort nach Ihrer Anforderung an die Bank als Vermieter ausgezahlt wird – also »zahlbar auf erste Anforderung«.

Mietkautionsversicherung

Immer öfter werden wir von unseren potenziellen Mietern gefragt, ob wir auch eine Mietkautionsversicherung akzeptieren. Sie werden in der Regel von Versicherungen, Banken/Sparkassen oder speziellen Unternehmen angeboten. Der Mieter zahlt hierfür Gebühren. Grundsätzlich ist nichts dagegen einzuwenden, sofern Sie bei berechtigtem Anspruch jederzeit Ihre Forderung geltend machen können und auch sofort ausgezahlt bekommen.

Ansonsten gilt: Nur Bares ist Wahres!

! **Achtung**

Nicht zulässig ist es, neben der Barkaution auch noch eine Bürgschaft, z. B. bei Studenten von deren Eltern zu verlangen, weil Sie damit mehr als die gesetzliche Kaution verlangen.

! **Tipp**

Sollten Sie Bedenken haben, die Wohnung an Studenten zu vermieten, weil deren Zahlungsfähigkeit unsicher ist, vermieten Sie die Wohnung doch einfach an die Eltern, einziehen wird jedoch deren Kind. Denken Sie aber bitte auch an die Bonität der Eltern!

5.4 Die Mieterhöhungen

Eine der wichtigsten Aufgaben für uns Hausverwalter ist es, Mieterhöhungen durchzuführen. Sollten Sie die Mieten nicht regelmäßig erhöhen, kann es zu Schadensersatzforderungen vonseiten Ihres Auftraggebers, dem Vermieter, kommen. Daher ist es wichtig, die einzelnen Arten der Mieterhöhung zu kennen und anzuwenden.

Mieterhöhung gem. Vereinbarung (§ 557 BGB)
Sie haben die Möglichkeit mit Ihrem Mieter zu vereinbaren, dass eine bestimmte Miete ab einem bestimmten Termin gezahlt werden soll. Leider hat diese Methode wenig Aussicht auf Erfolg, weil nur wenige Mieter freiwillig eine Mieterhöhung zahlen.

Mieterhöhung durch Staffelmietvereinbarung (§ 557a BGB)
Im Fall einer Staffelmietvereinbarung wird die Mieterhöhung von Anfang an schriftlich im Mietvertrag festgehalten – es werden Staffeln vereinbart. Die Staffel muss zwölf Monate unverändert sein, die Staffeln können aber in unterschiedlicher Höhe vereinbart werden. Weitere Mieterhöhungen sind ausgeschlossen.

! **Achtung**

Bitte weisen Sie die Staffeln niemals nach Prozenten aus! Die jeweilige Miete oder die Erhöhung muss immer in einem Geldbetrag ausgewiesen werden.

Tipp !

Bei einer Staffelmietvereinbarung haben Sie die Möglichkeit, das Kündigungsrecht des Mieters bis maximal vier Jahre ab Abschluss der Staffelmietvereinbarung auszuschließen.

Mieterhöhung durch Indexierungsvereinbarung (§ 557b BGB)

Die Mieterhöhung durch Indexierungsvereinbarung ist an die Entwicklung des Lebenshaltungskostenindex gekoppelt. Sie ist vom Preisindex für Lebenshaltung aller privaten Haushalte Deutschlands abhängig, der vom Statistischen Bundesamt ermittelt wird.

Die Miete muss auch hier zwölf Monate unverändert bleiben. Die Änderung muss in Textform erfolgen. Dabei ist einerseits die eingetretene Änderung des Preisindexes und andererseits die jeweilige Miete oder die Erhöhung in einem Geldbetrag anzugeben. Aber Vorsicht: Die Miete kann hier nicht nur steigen, sie kann auch sinken.

Mieterhöhungen nach § 558 BGB (Anpassung an die ortsübliche Vergleichsmiete) sind nicht möglich. Das gilt auch für Mieterhöhungen nach Modernisierungen gem. § 559 BGB, es sei denn, die Modernisierungsmaßnahmen sind nicht von Ihnen zu vertreten, sondern ergeben sich z. B. aufgrund von gesetzlichen Vorlagen.

Tipp !

Unter www.destatis.de (Statistisches Bundesamt) finden Sie Hilfe. Das Statistische Bundesamt hilft Ihnen auch telefonisch weiter.

Mieterhöhung zur ortsüblichen Vergleichsmiete (§§ 558–558e BGB)

Bei der Mieterhöhung zur ortsüblichen Vergleichsmiete handelt es sich um eine zweiseitige Willensbildung. Das heißt: Ihr Mieter muss dem Mieterhöhungsverlangen zustimmen (mündlich, schriftlich, konkludentes Verhalten).

Außerdem muss der Gesetzgeber die Mieterhöhung zulassen. Das heißt, dass die zwölfmonatige Wartefrist eingehalten werden muss und eine Mieterhöhung bis maximal zur ortsüblichen Vergleichsmiete möglich ist. Bitte beachten Sie, dass Sie ein Mieterhöhungsschreiben frühestens nach zwölf Monaten verschicken können. Zusammen mit der dreimonatigen Überlegungsfrist für den Mieter ist eine Mieterhöhung also erst nach 15 Monaten möglich.

Die ortsübliche Vergleichsmiete wird aus den üblichen Mieten in der jeweiligen Stadt/Gemeinde gebildet. Hierbei werden drei Wohnungen vergleichbarer Größe, Art, Wohnungsausstattung, Beschaffenheit und Lage angegeben. Die Mietvereinbarungen dieser Wohnungen dürfen nicht älter als vier Jahre sein. Sie können bei Ihrem Mieterhöhungsverlangen maximal die Miete der preisgünstigsten der drei Wohnungen geltend machen. Natürlich können Sie auch Wohnungen aus Ihrem eigenen Verwaltungsbestand hinzuziehen.

Darüber hinaus darf sich die Miete durch die Mieterhöhung um nicht mehr als 20 Prozent erhöhen (Kappungsgrenze, von der Erhöhung nach den §§ 559–560 BGB abgesehen).

Durch Ihre Mieterhöhung darf der Mietzins nicht die Ortsüblichkeit übersteigen. Wichtig ist, dass die 20 Prozent bis zur Wesentlichkeitsgrenze von Ihnen eingehalten werden.

Verordnung zur Senkung der Kappungsgrenze gem. § 558 Abs. 3 BGB

Seit Mai 2013 können die Bundesländer die Kappungsgrenze in Gebieten mit Wohnraumknappheit absenken. Dann gelten nicht mehr 20 Prozent, sondern nur noch 15 Prozent in drei Jahren. Die Länder können per Rechtsverordnung bestimmen, in welchen Gebieten die Kappungsgrenze abgesenkt werden soll, das aber nur für die Dauer von jeweils höchstens fünf Jahren. Unabhängig von einer eventuellen Absenkung der Kappungsgrenze ist eine Mieterhöhung nach wie vor nur bis zur ortsüblichen Vergleichsmiete zulässig. So soll der Anstieg von Mieten in bestehenden Mietverhältnissen gedeckelt werden.

Die folgenden Bundesländer (Stand: Juli 2018) haben sich der Verordnung bereits angeschlossen:

- Baden-Württemberg,
- Bayern,
- Berlin,
- Brandenburg,
- Bremen,
- Hessen,
- Niedersachsen,
- Nordrhein-Westfahlen,
- Rheinland-Pfalz,
- Sachsen,
- Schleswig-Holstein.

Achtung !

Für Hamburg gilt es nicht mehr. Die einzelnen Bundesländer haben unterschiedliche zeitliche Begrenzungen. Bitte beachten Sie diesen Umstand unbedingt! (Stand: 17.07.2018)

Mieterhöhung durch zugrunde legen eines einfachen Mietspiegels
Ein einfacher Mietspiegel ist eine Übersicht über die ortsübliche Vergleichsmiete, soweit die Übersicht von der Gemeinde oder den Interessenvertretern der Vermieter und der Mieter gemeinsam erstellt oder anerkannt worden ist (§ 558c Abs. 1 BGB). Im Mietspiegel sollen grundsätzlich Nettomieten ausgewiesen werden. Mietspiegel können für das Gebiet der Gemeinde oder mehrerer Gemeinden oder für Teile von Gemeinden erstellt werden (§ 558 Abs. 2 BGB). Sie sollen im Abstand von zwei Jahren aktualisiert werden.

Mieterhöhung auf Grundlage eines qualifizierten Mietspiegels
Ein qualifizierter Mietspiegel ist ein Mietspiegel, der nach anerkannten wissenschaftlichen Grundsätzen erstellt und von der Gemeinde oder von Interessenvertretern der Vermieter und der Mieter anerkannt worden ist (§ 558d Abs. 1. BGB). Dieser Mietspiegel unterscheidet sich gem. der amtlichen Begründung durch eine erhöhte Gewähr der Richtigkeit und Aktualität der Angaben zur ortsüblichen Vergleichsmiete vom einfachen Mietspiegel. Es kann (auch in einem Gerichtsprozess) davon ausgegangen werden, dass der qualifizierte Mietspiegel die ortsübliche Vergleichsmiete realistisch abbildet (sog. prozessuale Vermutungswirkung des qualifizierten Mietspiegels). Gibt es für eine Wohnung einen qualifizierten Mietspiegel, muss in einem Mieterhöhungsverlangen auch dann die aktuelle Miete aus dem qualifizierten Mietspiegel angegeben werden, wenn sich das Erhöhungsverlangen auf andere Begründungsmittel (Mietdatenbank, Sachverständigengutachten, Vergleichswohnungen) stützt. Der qualifizierte Mietspiegel ist im Abstand von zwei Jahren der Mietentwicklung neu anzupassen. Nach vier Jahren ist er neu aufzustellen.

Mieterhöhung auf der Basis einer Mietdatenbank
Eine Mietdatenbank ist eine zur Ermittlung der ortsüblichen Vergleichsmiete fortlaufend geführte Sammlung von Mieten, die von der Gemeinde oder von Interessenvertretern der Vermieter und der Mieter gemeinsam geführt oder anerkannt wird und aus der Auskünfte gegeben werden, die für einzelne Wohnungen einen Schluss auf die ortsübliche Vergleichsmiete zulassen. Eine solche Datenbank existiert derzeit nur in Hannover. Ihre praktische Bedeutung ist vorerst also noch gering.

Generell gilt bei Mieterhöhungen, dass eine zum Nachteil des Mieters abweichende Vereinbarung unwirksam ist.

Mieterhöhung gem. Sachverständigengutachten
Will der Vermieter sein Erhöhungsverlangen auf ein Sachverständigengutachten stützen, muss er einen öffentlich bestellten und vereidigten Sachverständigen mit der Erstellung des Gutachtens beauftragen. Das Gutachten darf nicht älter als zwei Jahre sein. Die Kosten des Sachverständigengutachtens trägt der Vermieter.

Erstellen eines Mieterhöhungsverlangens gem. § 558a BGB
Um Mieterhöhungen rechtssicher durchführen zu können, ist es erforderlich, das Erhöhungsverlangen fehlerfrei zu fertigen. So benötigen Sie zusätzlich zu den rechtlichen und formalen Anforderungen an eine Mieterhöhung weitere Daten. Diese beziehen sich auf die Baualtersklasse, die genaue Wohnungsgröße, Lage und Ausstattung des Mietobjekts. Die Angaben müssen vollständig und korrekt vorhanden sein.

Gerade bei den unterschiedlichen Mietspiegeln der Städte und Gemeinden ist es erforderlich, den Mietspiegel der Stadt, in der sich das Verwaltungsobjekt befindet, zu kennen, um Fehler, insb. bei der Klassifizierung der Ausstattungsmerkmale oder Falschangaben zur Wohnungsgröße und Ausstattung, zu vermeiden.

Mietbremse: Mieterhöhung aufgrund von Modernisierung (§ 559 BGB)
Lassen Sie uns bitte zunächst anschauen, was das Gesetz dazu sagt:

(1) Hat der Vermieter Modernisierungsmaßnahmen im Sinne des § 555b Nummer 1, 3, 4, 5 oder 6 durchgeführt, so kann er die jährliche Miete um 11 Prozent der für die Wohnung aufgewendeten Kosten erhöhen.
(2) Kosten, die für Erhaltungsmaßnahmen erforderlich gewesen wären, gehören nicht zu den aufgewendeten Kosten nach Absatz 1; sie sind, soweit erforderlich, durch Schätzung zu ermitteln.
(3) Werden Modernisierungsmaßnahmen für mehrere Wohnungen durchgeführt, so sind die Kosten angemessen auf die einzelnen Wohnungen aufzuteilen.
(4) Die Mieterhöhung ist ausgeschlossen, soweit sie auch unter Berücksichtigung der voraussichtlichen künftigen Betriebskosten für den Mieter eine Härte bedeuten würde, die auch unter Würdigung der berechtigten Interessen des Vermieters nicht zu rechtfertigen ist. Eine Abwägung nach Satz 1 findet nicht statt, wenn
1. die Mietsache lediglich in einen Zustand versetzt wurde, der allgemein üblich ist, oder

2. die Modernisierungsmaßnahme auf Grund von Umständen durchgeführt wurde, die der Vermieter nicht zu vertreten hatte.

(5) Umstände, die eine Härte nach Absatz 4 Satz 1 begründen, sind nur zu berücksichtigen, wenn sie nach § 555d Absatz 3 bis 5 rechtzeitig mitgeteilt worden sind. Die Bestimmungen über die Ausschlussfrist nach Satz 1 sind nicht anzuwenden, wenn die tatsächliche Mieterhöhung die angekündigte um mehr als 10 Prozent übersteigt.

(6) Eine zum Nachteil des Mieters abweichende Vereinbarung ist unwirksam.

Sie dürfen also 11 Prozent der für die Modernisierung einer vermieteten Wohnung benötigten Kosten umlegen.

Beispiel

!

Für Ihre Wohnung Nr. 12 haben Sie 3.000 EUR an Modernisierungskosten gezahlt. Sie dividieren die 3.000 EUR durch 11 Prozent und dann durch zwölf Monate. Den errechneten Betrag von 27,50 EUR schlagen Sie auf die bisherige Monatskaltmiete auf.

Dabei ergibt sich das folgende Problem: Sie bzw. der Eigentümer möchten die Modernisierungskosten verständlicherweise auf Ihren Mieter umlegen. Der Mieter indes ist davon gar nicht begeistert. Trotzdem hat er die Mieterhöhung gem. § 554 BGB zu dulden, bis auf die Fälle, bei denen die sog. Härtefallklausel greift. Solche Fälle könnten sein:

- eine schwere Krankheit,
- eine Schwangerschaft,
- die Geburt eines Kindes,
- erhöhte Lärm- und Schmutzbelastung,
- das Auswechseln von Fenstern und Türen im Winter,
- Prüfungen
- usw.

Um eine Mieterhöhung rechtssicher durchzusetzen, beachten Sie bitte die folgenden Punkte:

- Sie können kein Mieterhöhungsverlangen durchführen, wenn die Wohnung Ihres Mieters nur in den allgemein üblichen Zustand versetzt wird.

! **Beispiel**

Sie lassen einfach verglaste Fenster nur durch einfach verglaste Fenster ersetzen oder einen WC-Wasserspüler zwar erneuert, aber nicht gegen einen WC-Wasserspüler mit Wasserspartaste austauschen. Der Austausch erfolgt also nicht durch höherwertigere Gegenstände.

- Auch nach der Modernisierung ist zu beachten, dass die Miete nicht mehr als 20 Prozent (kann abweichen) über der ortsüblichen Vergleichsmiete liegen darf. Nehmen Sie verbilligte Darlehen in Anspruch oder hat der Mieter Eigenleistungen erbracht, z. B. Möbel ausgeräumt, reduziert sich die Höchstgrenze nach § 559 BGB.
- Sie müssen alle im Mietvertrag angegebenen Mieter drei Monate vor Beginn der Maßnahmen über die Art und den Umfang der Maßnahmen, den voraussichtlichen Beginn, die voraussichtliche Dauer und die zu erwartende Mieterhöhung schriftlich informieren. Dem Mieter muss dadurch die Gelegenheit gegeben werden, zu überprüfen, welche Arbeiten sich ergeben und auf ihn zukommen.

Denken Sie bitte daran, das Schreiben den Mietern rechtssicher, also z. B. durch Boten oder mit Zeugen, zukommen zu lassen. Beide haben mit Datum, Uhrzeit und Unterschrift auf der Kopie des Schreibens zu bestätigen, dass Sie oder der Bote das Schreiben in den Briefkasten des Mieters eingeworfen haben.

Bitte fügen Sie die Originalvollmacht des Vermieters bei sowie die Mitteilung der zu erwartenden Mieterhöhung oder Neueinführung von Betriebskostenvorauszahlungen und den Hinweis auf das Widerspruchsrecht gem. §§ 555c Abs. 2, 555d Abs. 5 BGB.

! **Beispiele**

- Ihrem Mieter können aus gesundheitlichen Gründen der Lärm, Schmutz und andere Beeinträchtigungen nicht zugemutet werden.
- Ihre Mieterin ist hoch schwanger.
- Der Mieter/die Mieterin befindet sich kurz vor einer beruflich wichtigen Prüfung.
- Erhebliche Grundrissveränderungen, die durchgeführt werden.

Beziehen Sie sich bei Ihrer Modernisierungsankündigung bitte unbedingt auf das Widerspruchsrecht – inklusive Härtefallklausel – damit das Versäumen dieser Angabe nicht als Formfehler gewertet werden kann.

Tipp !

Sie können auch den Einbau von Rauchwarnmeldern über eine Modernisierungsmieterhöhung gegenüber Ihren Mietern geltend machen.

Nichteinhaltung der genannten Punkte

Sofern Sie die Modernisierungsmaßnahmen Ihrem Mieter nicht rechtzeitig ankündigen, muss er deren Durchführung nicht dulden. Leider haben Sie dann natürlich zunächst auch keinen Anspruch auf eine Mieterhöhung. Das gilt jedoch dann nicht, wenn Ihr Mieter die Handwerker freiwillig in die Wohnung lässt.

Fehlerhafte Ankündigung (z. B. fehlende Angaben)

- Auch hier gilt: keine Duldungspflicht des Mieters. Die Frist der Wirksamkeit der Mieterhöhung verlängert sich um weitere sechs Monate.
- Wenn die Modernisierung wesentlich länger als angegeben und geplant dauert, hat der Mieter das Recht zur fristlosen Kündigung des Mietvertragsverhältnisses.
- Wurde der Mieter nicht über die anstehende Mieterhöhung informiert, verlängert sich die Frist der Wirksamkeit der Mieterhöhung gem. § 559b BGB um weitere sechs Monate.
- Bei einer erheblichen Gesundheitsgefährdung durch die verwendeten Baustoffe hat der Mieter das Recht zur fristlosen Kündigung gem. § 591 Abs. 1 BGB.
- Bei einer späteren Überschreitung der veranlagten Kosten um mehr als 10 Prozent verlängert sich die Frist der Wirksamkeit der Mieterhöhung um weitere sechs Monate.

5.5 Mieterhöhung im preisfreien Wohnungsbau

- **Gesetzliche Grundlage**
  - BGB
- **Begründung**
  - § 557 BGB Vereinbarung (Staffelmiete, Indexmiete)
  - § 558 BGB ortsübliche Vergleichsmiete
  - (Mietspiegel, drei Vergleichswohnungen, Mieterdatenbank)
  - § 559 BGB Modernisierung /11 Prozent der umlagefähigen Kosten
  - § 560 BGB veränderte Betriebskosten

- **Fristen**
  - § 557 BGB – Zahlung ab 1. des übernächsten Monats
  - § 558 BGB – Zahlung ab 1. des 3. Monats nach Zugang des Erhöhungsverlangens
  - § 559 BGB – Zahlung ab 1. des 3. Monats nach Zugang des Erhöhungsverlangens
  - § 560 BGB – Zahlung ab 1. des übernächsten Monats nach Zugang des Erhöhungsverlangens
- **Mieterzustimmung**
  - Erforderlich bei §§ 557, 558 BGB
- **Sonderkündigungsrecht**
  - Macht der Vermieter eine Mieterhöhung nach § 558 BGB oder § 559 BGB geltend, so kann der Mieter bis zum Ablauf des zweiten Monats nach Zugang der Erklärung des Vermieters das Mietverhältnis außerordentlich zum Ablauf des übernächsten Monats kündigen
  - Kündigt der Mieter, so tritt die Mieterhöhung nicht ein

5.6 Was tun, wenn ein Mieter nicht zahlt?

Leider ist es heutzutage sehr oft der Fall, dass Mieter ihre Miete nicht zahlen. Bitte mahnen Sie rechtzeitig und führen Sie außerdem ein Gespräch mit dem entsprechenden Mieter.

Ist er vielleicht arbeitslos geworden? Weisen Sie ihn in diesem Fall auf die Möglichkeiten hin, beim Amt einen Antrag auf Kostenübernahme für Miete und Nebenkostenvorauszahlung zu stellen. Sie erhalten dann ein Formular, in dem Sie die Größe der Wohnung, die Personenzahl, die Miete zzgl. Nebenkosten/Betriebskosten angeben müssen.

Vereinbaren Sie für den Fall der Übernahme der Mieten und Nebenkosten durch das Amt mit Ihrem Mieter eine **unwiderrufliche Abtretungserklärung**.

! **Beispiel**

Legen Sie Ihrem Mietinteressenten eine Erklärung mit folgendem Text vor, die er unterschreiben soll:

Hiermit erkläre ich (Name, Vorname, Adresse) mich unwiderruflich einverstanden, dass die Miete und Nebenkostenvorauszahlung sowie alle aus dem Mietervertragsverhältnis vom (Datum) für die Wohnung Nr. XX, Adresse, zwischen (Name Vermieter, Adresse) und mir entstehenden Verbindlichkeiten direkt von (zuständige Behörde) an (Bankverbindung) gezahlt werden.
Ort, Datum, Unterschrift.

Mahnwesen
Bei ausstehenden Zahlungsverpflichtungen des Mieters gem. § 569 Abs. 3 Nr. 1 BGB, z. B. Miete, Betriebskostenvorauszahlungen, Nachzahlungen aus Betriebskostenabrechnung, ist schnell und rechtssicher zu mahnen bzw. zu klagen. Die Voraussetzung dafür ist eine zeitnahe Buchung der Zahlungseingänge. Sollten Sie zwei Monate nicht buchen, kann das dem Vermieter einen Kündigungsgrund bieten.

Ein gutes Hausverwaltungsprogramm erleichtert Ihnen hier Ihre Tätigkeit, weil es Ihnen eine Liste der säumigen Mieter zur Verfügung stellt. Handelt es sich hierbei um Mieter, die bisher regelmäßig ihren Zahlungsverpflichtungen nachkamen und mit denen sich das Mietverhältnis bis dato unkompliziert gestaltete, empfiehlt es sich, zunächst bei den Mietern anzurufen und den Grund für die Nichtzahlung zu erfragen. Ansonsten besteht die Möglichkeit der Mahnung.

Eine gute Software ist dazu in der Lage, nach einmaliger Eingabe von Mahntexten eine Verknüpfung zu den Namen und Adressen der nicht zahlenden Mieter herzustellen und automatisch eine Mahnung zu erstellen. Bitte vergessen Sie bei den Mahntexten nicht, die Zahlungsfrist und ggf. die im Mietvertrag vereinbarten Mahngebühren anzugeben.

Exemplarische Mahnung

Bei den Arbeitshilfen online finden Sie eine exemplarische Mahnung als Download.

ARBEITSHILFE ONLINE

Versorgungssperre
Sie können aber auch erst versuchen, mit der Versorgungssperre zu arbeiten:

Zunächst hat Ihr Mieter nach § 535 Abs. 1 BGB einen Anspruch auf Versorgung mit Wasser, Wärme und Energie. Nach dem BGH-Urteil vom 6.5.2009 können Sie jedoch als Mietverwalter die Versorgung einstellen, wenn Ihr Mieter seiner Zahlungsverpflichtung nicht nachkommt[4]. Das Leistungsverweigerungsrecht sei bei einem Mietverhältnis nicht unter dem Gesichtspunkt des faktischen, unzulässigen Drucks verboten. Es stellt also keine verbotene Eigenmacht dar, weil zwischen der eigentlichen Mietsache und dem Erbringen der vereinbarten Zahlung für Nebenkosten zu trennen ist.

Außerdem hat der Bundesgerichtshof hervorgehoben, dass die Sachlage mit der Einstellung von Leistungen durch Versorgungsunternehmen zu vergleichen ist, sofern der Mieter die Leistungen unmittelbar von diesem bezieht. Die Versorgungssperre durch ein Versorgungsunternehmen werde nach der weit überwiegenden Auffassung zu Recht ebenfalls nicht als Besitzverletzung angesehen.

Als Nächstes besteht die Möglichkeit, Ihre Forderung durch einen Antrag auf Erlass eines Mahnbescheids beim zuständigen Amtsgericht zu stellen. Der Vorteil hierbei ist, dass ein Mahnbescheid kostengünstiger ist als eine Klage – und auch schneller. Der Nachteil ist, dass Sie trotzdem eine Zahlungsklage beantragen müssen, wenn Ihr Mieter dem Mahnbescheid mit seiner Forderung ganz oder teilweise widerspricht.

Sollte Ihr Mieter mit mehr als zwei Kaltmieten im Rückstand sein, haben Sie die Möglichkeit einer fristlosen Kündigung des Mietvertragsverhältnisses. Fristlos bedeutet ohne Frist. Das heißt: Der Mieter hat sofort auszuziehen. In den meisten Fällen kommt er Ihrem Ansinnen nicht nach und Sie müssen neben der Zahlungsklage auch die Räumungsklage vor dem Amtsgericht beantragen.

Die Räumungsvollstreckung erfolgt gem. § 585 ZPO dadurch, dass der Gerichtsvollzieher den Mieter aus dem Besitz setzt und Ihnen diesen wieder zuweist. Er räumt die Wohnung von den Bewohnern, für die er einen »Räumungstitel« hat. Das heißt, dass Sie die Räumung der Wohnung für alle Bewohner, die in der Wohnung leben und volljährig sind, beantragen müssen. Die Räumungstitel erhält der Gerichtsvollzieher, der dann die entsprechenden Personen aus der Wohnung weist. Sollten die Mieter allerdings keine neue Bleibe haben und sollte auch das Amt nicht mit Wohnraum weiterhelfen können, hat das Amt das Recht, die Mieter für einen Monat wieder zwangseinzuweisen. Es zahlt dann die Miete und die Nebenkosten für diesen Monat an Sie. Das Amt darf die Zwangseinweisung maximal drei Mal (also bis zu drei Monate)

4 BGH, Urteil v. 6.5.2009, XII ZR 137/07.

insgesamt wiederholen. Spätestens nach Ablauf dieser drei Monate muss es jedoch eine Wohnung oder ein Zimmer für Ihre Mieter gefunden haben!

Gegenstände, wie z. B. Möbel werden gem. § 885 Abs. 2 ZPO vom Gerichtsvollzieher »weggeschafft«[5]. Er übergibt sie entweder dem Schuldner, seinem Vertreter oder Familienangehörigen. Sonst werden die Wertgegenstände in seinem Pfandlokal oder bei einer Spedition eingelagert. Die Kosten tragen zunächst Sie bzw. der Vermieter. Sie können aber im Anschluss dem Mieter weiterbelastet werden. Hoffentlich kann der ehemalige Mieter die Kosten dann auch bezahlen, sonst bleiben Sie darauf »sitzen«. Verwertbare Dinge gibt der Gerichtsvollzieher an den Schuldner, sofern der sie überhaupt noch haben möchte.

Manchmal ist es wirtschaftlich sinnvoller, Sie bieten Ihrem Mieter einen Betrag X an, damit er schnellstens auszieht, bevor Sie eine Räumungsklage beantragen. Meistens ist eine Räumungsklage unter Einbeziehung des Gerichtsvollziehers, Einschalten einer Spedition, und Lagerung der Möbel wesentlich teurer als das »Herauskaufen« des Mieters.

Beispiel !

Die Kosten für eine Räumungsklage und die Kosten für eine eventuelle Räumung würden sich laut Ihrem Rechtsanwalt auf 6.000 EUR belaufen. Bieten Sie Ihrem Mieter eine Teilsumme für einen Auszug an. Diese Summe wird natürlich erst nach seinem Auszug an ihn ausgezahlt.

Vermieterpfandrecht

Weiterhin steht Ihnen noch das Vermieterpfandrecht zu. Es entsteht an den Sachen des Mieters, die er mit in die angemieteten Wohnräume eingebracht hat. Sie erstellen eine Liste von den Gegenständen, an denen Sie das Vermieterpfandrecht ausüben. Die Gegenstände bleiben jedoch im Besitz Ihres Mieters. Ihr Pfandrecht besteht auf alle Forderungen aus dem Mietvertragsverhältnis.

Bei fälligen Ansprüchen ist die Pfandhaftung unbeschränkt. Für künftige Entschädigungen/Forderungen können Sie das Pfandrecht nicht ausüben.

5 Siehe auch Thüringer OLG, OLG-NL200915.

Künftige Mietansprüche können Sie nur wegen des Mietzinses für das laufende und das folgende Mietjahr geltend machen. Mietjahr heißt jedoch nicht Kalenderjahr.

5.7 Fristlose Kündigung des insolventen Mieters wegen Altschulden

Leider müssen wir uns immer öfter mit insolventen Mietern befassen. Dabei stellt sich oft die Frage: Dürfen Sie einem insolventen Mieter fristlos kündigen, wenn zwar die Mietrückstände vor der Insolvenz bereits entstanden sind, aber der Insolvenzverwalter die »Freigabe« der Wohnung erklärt hat? Dazu meint der Bundesgerichtshof in seiner Entscheidung vom 17.6.2015[6]:

> Mit Wirksamkeit der Enthaftungserklärung/Freigabeerklärung entfällt die mit dem Insolvenzantrag eintretende Kündigungssperre des § 12 Nr. 1, Insolvenzverordnung.
> Damit kann eine fristlose Kündigung erfolgen, auch wenn die Rückstände vor der Eröffnung des Insolvenzverfahrens eingetreten sind.

5.8 Zulässige Kündigung bei unverschuldeter Geldnot

Der Bundesgerichtshof entschied am 4.2.2015[7], dass ein Vermieter auch dann fristlos kündigen kann, wenn eine unverschuldete Geldnot vorliegt. In dem zugrundeliegenden Fall bezog ein Mieter seit Oktober 2011 Arbeitslosengeld II. Ab Januar leitete er die Zahlungen nicht mehr an den Vermieter weiter. Dieser kündigte daraufhin das Mietverhältnis im April 2013 und erhob Räumungs- und Zahlungsklage für die ausstehenden Mieten Januar 2013 bis Mai 2013. Nach Klagezustellung verpflichtete sich das Jobcenter, die aufgelaufenen Fehlmieten zu zahlen. Ab Juli 2013 wurde das Sozialamt zuständig. Bei ihm beantragte der Mieter Sozialhilfe und die Übernahme der Kosten für die Wohnung. Die Übernahme der Wohnungskosten wurde abgelehnt, erst das zuständige Sozialgericht verfügte per einstweiliger Anordnung am 30.4.2014, dass die Mieten von September 2013 bis Juni 2014 zu zahlen sind. Zwischenzeitlich

6 BGH, Urteil v. 17.6.2015, VIII ZR 19/14.
7 BGH, Urteil v. 4.2.2015, VZZ ZR 175/14.

kündigte der Vermieter am 12.3.2014 erneut fristlos wegen fehlenden Mietzahlungen für die Monate Oktober 2013 bis März 2014.

Der Bundesgerichtshof begründete seine Entscheidung damit, dass dem Verzugseintritt nichts entgegensteht. Es gilt hier die unbeschränkte Vermögenshaftung. Bei einer fristlosen Kündigung wegen Zahlungsverzug sind gem. § 543 Abs. 2 Satz 1 Nr. 3 BGB nicht die Interessen von Mieter und Vermieter gegeneinander abzuwägen. Nach § 569 Abs. 3 BGB kann der Mieter nur einmal in zwei Jahren durch vollständige Mietzahlung »heilen« und dadurch die fristlose Kündigung unwirksam machen.

5.9 Richtiges Verhalten im Streitfall mit Mietern

Sollte es trotz aller Bemühungen Ihrerseits zu einem Streitfall mit Ihren Mietern kommen, dann ergreifen Sie die Initiative und unterbreiten Sie mit Fingerspitzengefühl konstruktive Vorschläge, um eine Auseinandersetzung sachlich und vernünftig zu beenden. So sparen Sie Ihre Zeit und schonen Ihre Nerven.

Zielbestimmung
Durch das Bestimmen klar strukturierter Ziele setzen Sie sich mit der Angelegenheit auseinander und können die für Sie geeignete Taktik wählen, um den Konflikt zu verfolgen. Dadurch sind Sie Ihrem Gegenüber bereits ein Stück voraus.

Gestaltungsform
Sollte sich das Vertragsverhältnis bislang problemlos gestaltet haben, wäre es ratsam, die Unstimmigkeiten zunächst durch ein Gespräch zu klären, besonders dann, wenn es sich um ein Missverständnis handeln könnte oder vielleicht doch eine Chance auf Einsicht seitens des Mieters besteht.

Wenn mündliche Einigungsversuche gescheitert sind und schwere Verstöße des Mieters vorliegen oder Sie für Beweiszwecke Schriftstücke benötigen, sollten Sie auf jeden Fall schriftlich vorgehen.

Setzen Sie sich zunächst damit auseinander, was Sie schreiben möchten, indem Sie einen Entwurf anfertigen. Versuchen Sie, sachlich zu argumentieren. Nachdem Sie den Inhalt konzipiert haben, lassen Sie den Entwurf einige Stunden liegen und wenden sich zunächst anderen Aufgaben zu. Überprüfen Sie dann, ggf. auch mit einer dritten Person, das Schreiben auf Fehler, unklare Formulierungen, zu unsachliche Textstellen oder fehlende Ergänzungen. Vermeiden Sie verbale Entgleisungen, besonders, wenn Sie damit rechnen müssen, dass auch ein Richter Ihre Korrespondenz liest.

Denken Sie daran, eine Kopie Ihres Schreibens für Ihre Unterlagen anzufertigen. Bei wichtigen Inhalten übergeben Sie den Brief persönlich oder durch einen Boten und lassen sich den Empfang des Schriftstücks bestätigen, am besten auf der Kopie. Sollte die Annahme verweigert werden, werfen Sie das Schreiben in den Briefkasten des Empfängers und lassen Sie sich auf der Kopie durch einen Zeugen den Einwurf mit Datum und Uhrzeit quittieren.

! **Wichtig**

Vermeiden Sie alle Arten von Einschreibebriefen, auch Einwurfeinschreiben. Der Briefträger kann Ihnen nur den Einwurf des Briefumschlags bestätigen, nicht jedoch, was sich in dem Umschlag befindet.

Der Zugang des Briefs durch Einwurf in den Briefkasten durch den Boten gilt dann als erfolgt, wenn mit der nächsten Entnahme nach der Verkehrsanschauung durch den Empfänger gerechnet werden kann.

! **Beispiel**

Sie bitten Ihren Mitarbeiter, als Bote einen Brief in den Briefkasten einzuwerfen. Bevor er den Brief einwirft, macht er erst Kaffeepause und betankt noch seinen Pkw. Deshalb wirft er den Brief erst nach 17:00 Uhr ein. Somit gilt der Brief erst am nächsten Tag als zugestellt.

Eine weitere Möglichkeit besteht in der Zustellung durch einen Gerichtsvollzieher, z. B. bei Kündigungen, indem Sie dem Gerichtsvollzieher einen persönlichen Zustellungsauftrag erteilen. Der Gerichtsvollzieher überreicht die Kündigung dem Empfänger und notiert in einem Protokoll den Ort, das Datum und den Zeitpunkt. Das Protokoll erhalten Sie dann mit der beglaubigten Kopie der zugestellten Erklärung. Sollte der Empfänger nicht angetroffen worden sein, gilt die Kündigung gem. § 182 Zivilprozessordnung (ZPO) bereits mit der Niederlegung als zugegangen. Rechnen Sie jedoch damit, dass der Gerichtsvollzieher aufgrund von Überlastung Ihr Schreiben nicht unbedingt sofort zustellen kann.

Sollte der Aufenthaltsort des Empfängers nicht bekannt sein, besteht gem. § 185 ZPO die Möglichkeit, die Kündigung im Wege der öffentlichen Zustellung zuzustellen.

5.10 Beauftragen von Rechtsanwälten

Indem Sie einen Rechtsanwalt beauftragen, zeigen Sie dem Mieter, dass Sie Ihren Standpunkt entschlossen vertreten und bereit sind, ihn auch ohne Rücksicht auf anfallende Kosten durchzusetzen. Ein Vorteil für Sie besteht darin, dass ein Rechtsanwalt sich wahrscheinlich besser im Recht und mit der rechtlichen Durchsetzung Ihrer Forderung auskennt als Sie selbst. Nachteile können durch die Verhärtung der Fronten entstehen. Möglicherweise wird der Mieter seinerseits einen Rechtsbeistand suchen.

Prüfen Sie deshalb z. B.:

- Wie wichtig ist Ihnen die Angelegenheit?
- Denken Sie bitte daran, dass das Hinzuziehen eines Rechtsanwalts Zeit kostet. Sie müssen die entsprechenden Unterlagen heraussuchen und Gespräche mit dem beauftragten Rechtsanwalt führen.
- Stehen die Anwaltskosten in einem angemessenen Verhältnis zur Sache?
- Oft rechnen gute Fachanwälte heutzutage nach Stundensätzen ab. Ist es wirklich sinnvoll, bei einem Streitwert von 500 EUR die Angelegenheit an einen Rechtsanwalt zu übergeben, der 250 EUR und mehr pro Stunde abrechnet? Prüfen Sie, ob Sie einen Rechtsanwalt finden, der noch nach der Gebührenordnung für Rechtsanwälte abrechnet.
- Besitzt Ihr Eigentümer eine Rechtschutzversicherung?
- Anders sieht es natürlich aus, wenn Ihr Eigentümer eine Rechtsschutzversicherung abgeschlossen hat. Hier ist jedoch zu klären, ob die Rechtsschutzversicherung den Fall auch tatsächlich übernimmt, d. h., ob sie die Kosten für den Rechtsanwalt und ggf. auch die Gerichtskosten trägt.
- Ist Ihr Eigentümer ggf. in der Lage, auch die finanziellen Kosten des gegnerischen Rechtsanwalts zu übernehmen?
- Klären Sie bitte ggf. vorher ab, ob der Eigentümer die Kosten tragen kann, wenn er keine Rechtschutzversicherung abgeschlossen hat. Ist das nicht der Fall, informieren Sie ihn über Rechtsanwalts- und Gerichtskosten, damit er entscheiden kann, ob er einen Rechtsanwalt hinzuziehen möchte. Vielleicht besteht die Möglichkeit, mit dem Mieter einen Vergleich einzugehen.

- Hat die Mietpartei überhaupt die finanziellen Mittel, um die Forderung zu begleichen?
- Sollte Ihr Mieter z. B. Privatinsolvenz beantragt haben oder Sozialhilfeempfänger sein, wird es schwierig, bei einem für Sie und Ihren Vermieter erfolgreichen Ausgang eines Gerichtsverfahrens die Kosten dafür vom Mieter zu erhalten.
- Lässt sich der Mieter durch Rechtsanwaltsschreiben überhaupt beeinflussen?
- Oftmals lässt sich die betroffene Mieterklientel auch durch Rechtsanwaltsschreiben nicht beeinflussen.

5.11 Kündigung eines Mietvertragsverhältnisses

Wenden wir uns nun dem großen Thema der Kündigung eines Mietvertragsverhältnisses zu. Sie lernen in diesem Kapitel die verschiedenen Arten von Kündigungen kennen und erfahren, wie beim Tod eines Mieters zu verfahren ist.

5.11.1 Kündigungsprüfung

In der Regel beträgt die Kündigungsfrist mindestens drei Monate, und sie hat, sofern das im Mietvertrag vereinbart wurde, schriftlich zu erfolgen. Die Kündigung ist eine einseitige Willenserklärung. Nach Eingang einer Kündigung prüfen Sie zunächst, ob die Kündigung fristgerecht und rechtssicher erfolgt ist.

5.11.2 Beendigung von Mietverhältnissen

Mietverhältnisse können beendet werden durch:

Ordentliche Kündigung durch den Mieter
Hier hat der Mieter bis zum dritten Werktag des Monats zum Ablauf des auf die Kündigung folgenden übernächsten Monats die Möglichkeit, ordentlich zu kündigen.

!

Beispiele

Beispiel A: Ihr Mieter kündigt am Donnerstag, den 3. September das Mietverhältnis. Der Kündigungstermin ist somit der 31. November.

Beispiel B: Kündigt Ihr Mieter erst am Freitag, den 4. September, so verschiebt sich der Kündigungstermin auf den 31. Dezember.

Sollte der letzte Tag des Monats z. B. auf einen Samstag, Sonntag oder Feiertag fallen, verschiebt sich die Übergabe gem. § 193 BGB auf den nächsten Werktag.

Weiterhin ist von Ihnen festzustellen, in welchem Zustand die Wohnung nach Beendigung des Mietvertragsverhältnisses zurückzugeben ist. Auch hier hilft ein Blick in den Mietvertrag.

Kündigungsbestätigung
Nunmehr bestätigen Sie den Erhalt der Kündigung und teilen mit, in welchem Zustand die Wohnung zurückzugeben ist. Geben Sie zwei Alternativtermine zwecks Erstellung eines Vorprotokolls an.

Eintritt des Enddatums
Mit dem Eintritt des vereinbarten Enddatums des Mietverhältnisses tritt in der Regel die Beendigung ein, z. B. Zeitmietvertrag (zeitlich befristetes Mietverhältnis).

Aufhebungsvertrag
Beide Parteien stimmen der Aufhebung des Mietverhältnisses zu einem bestimmten Termin zu. Bitte beachten Sie, dass Sie diesen Aufhebungsvertrag aus Gründen der Beweissicherung, schriftlich abschließen.

Stellung von einem geeigneten Nachmieter
Es ist keineswegs die Pflicht eines Vermieters, einen geeigneten Nachmieter zu akzeptieren, wenn der Mieter vorzeitig aus dem Mietvertragsverhältnis entlassen werden möchte. Es handelt sich vielmehr um den Goodwill des Mietverwalters. Beachten Sie aber bitte die folgenden Ausnahmen:

- Heirat,
- Tod,
- Wechsel in ein Seniorenheim,
- Geburt,
- Berufliche Versetzung (auch Diplomatenklausel).

In diesen Fällen kann der Mieter Nachmieter stellen.

! **Wichtig**

Achten Sie darauf, dass Sie in Ihrem Zustimmungsschreiben unbedingt angeben, dass Sie entscheiden, wer geeignet ist. Ansonsten kann es sein, dass Ihr Mieter jeden Interessenten für geeignet hält, Sie aber nicht.

Nicht immer wird ein Mietvertragsverhältnis durch eine Kündigung beendet. Wie ist die Vorgehensweise beim Tod eines Mieters?

Tod eines Mieters

In den §§ 563 ff. BGB wird das Eintrittsrecht von Eintrittsberechtigten nach dem Tod des Mieters geregelt. Auch als Nichtmietvertragspartei haben Ehegatten und vor dem Standesamt erklärte Lebenspartner das Recht auf Eintritt in das Mietvertragsverhältnis, sofern sie mit dem Verstorbenen einen gemeinsamen Haushalt geführt haben. Auch die Kinder des Verstorbenen treten bei früherer gemeinsamer Haushaltsführung bei. Das gilt auch für weitere Familienangehörige, Pfleger/innen, Haushaltshilfen – also alle Personen, die mit dem Verstorbenen einen gemeinsamen und auf Dauer angelegten Haushalt geführt haben.

Die Berechtigten haben eine einmonatige Überlegungsfrist, in der Sie mitteilen müssen, wenn sie das Mietvertragsverhältnis **nicht** übernehmen wollen. Sonst gilt automatisch, dass sie in das Mietvertragsverhältnis eingetreten sind.

Eintrittsrecht des Mitmieters

Selbstverständlich haben die Bewohner gem. § 563a BGB ein Fortsetzungsrecht, wenn sie Mitmieter sind. Sofern sie von ihrem außerordentlichen Kündigungsrecht keinen Gebrauch machen, geht das Vertragsverhältnis auf sie über.

Wir, als Vertreter des Eigentümers, haben innerhalb einer einmonatigen Überlegungsfrist ein außerordentliches Kündigungsrecht gegenüber dem Eintretenden, mit einer gesetzlichen Kündigungsfrist von drei Monaten. Die einmonatige Frist beginnt bei Kenntnis vom Tod des Mieters, aber spätestens mit Beendigung der einmonatigen Überlegungsfrist des Eintretenden. Der Vermieter kann jedoch nur dann kündigen, wenn ein wichtiger Grund in der Person des Betroffenen liegt.

Eintritt der Erben
Sofern kein Berechtigter und auch der Mitmieter nicht in das Mietverhältnis eintreten wollen, können die Erben in das Vertragsverhältnis eintreten.

Aber auch hier können Vermieter und Erben unter Einhaltung der gesetzlichen Frist außerordentlich kündigen. Gemäß § 564 BGB muss die außerordentliche Kündigung innerhalb eines Monats nach Bekanntwerden des Todes erfolgen, sofern kein Eintritt in das Vertragsverhältnis erwünscht ist. Den Erben gegenüber können Sie den Mietvertrag ohne Grund kündigen.

Mit dem Eintritt von Berechtigten kann die Miete nicht erhöht werden. Die Berechtigten steigen in sämtliche Rechte und Pflichten ein. Allerdings haben Sie das Recht auf Kautionsfüllung, sofern vom verstorbenen Mieter keine Kaution gezahlt wurde.

Als nächster, auf die Kündigung folgender Schritt, ist zu klären in welchem Ist-Zustand sich die Wohnung befindet, besonders dann, wenn Sie wissen, dass Ihr Mieter in der Vergangenheit nicht pfleglich mit seiner Wohnung umgegangen ist.

5.12 Vorabnahmetermin/Vorabprotokoll

Bei diesem Termin werden weitere Einzelheiten der Schönheitsreparaturen schriftlich festgelegt. Erfahrungsgemäß ist es ratsam, hierzu das bei Einzug erstellte Protokoll mitzubringen und zu kontrollieren, welche Einbauten und Ausstattungsgegenstände zum Mietobjekt gehören und welche Mängel in der Zeit des Mietvertragsverhältnisses dazu gekommen sind.

Besprechen Sie nun die weitere Vorgehensweise, z. B.
- welche Schönheitsreparaturen in welchem Umfang fällig sind.
- bis zu welchem Termin die Arbeiten abgeschlossen sein sollen.
- Bei größeren Arbeiten bietet es sich an, einen Termin ca. eine Woche vor dem Kündigungstermin festzulegen, damit Sie die Ausführung der Arbeiten kontrollieren können; bei Kleinigkeiten reicht oftmals der Tag vor dem Kündigungsdatum.
- welche vom Mieter installierten Einbauten oder Beläge zu entfernen sind.

- Oft bauen Mieter eine Einbauküche oder Einbauschränke ein. Sie sind von ihm zu entfernen, es sei denn, Sie einigen sich mit ihm auf einen Übernahmebetrag. Bieten Sie Ihrem Mieter an, dass Sie die Einbauten zwar nicht kaufen möchten, er sie aber kostenlos stehen lassen kann.
- ob die Wohnung Schäden aufweist.
- Nehmen Sie dazu das Übergabeprotokoll zur Hand, das Sie beim Einzug erstellt haben. So können Sie vergleichen, was Alt- und was Neuschäden sind.
- ob Einrichtungsgegenstände defekt sind und/oder fehlen.
- Bitte prüfen Sie ganz genau, ob etwas fehlt. Sie ahnen gar nicht, was alles »dem Mieter gehört«, weil Sie vergessen haben, es in das Übergabeprotokoll mit aufzunehmen. In einer von mir vermieteten Wohnung hat der Mieter bei seinem Auszug den WC-Sitz und die Toilettenbürste mitgenommen, bei einem Kollegen war es die Badewanne.
- Fotografieren Sie alles Wichtige, also alles!
- Beim Auszug bzw. bei der Wohnungsabnahme sind auch sämtliche Zählerstände aufzunehmen.

Sollten noch Arbeiten durchzuführen sein oder Schäden vorliegen, dann setzen Sie dem Mieter eine Nachfrist. Während dieser Nachfrist hat der Mieter eine Nutzungsentschädigung in Höhe der vorher geleisteten Miete und Nebenkosten an Sie zu entrichten. Weigert sich der Mieter, die beanstandeten Punkte zu erledigen, haben Sie die Möglichkeit, die Kaution ganz oder teilweise aufzurechnen. Holen Sie aber bitte Kostenvoranschläge als Grundlage für die Aufrechnung ein. Auch Ihr Mieter kann Angebote einholen, Sie dürfen es ihm nicht verweigern.

Der Mieter hat die Option, Schönheitsreparaturen selbst durchzuführen. Das muss jedoch fachgerecht geschehen.

5.13 Abnahmetermin

Die Durchführung des endgültigen Abnahmetermins erfolgt nach vollständiger Räumung der Wohnung, des Kellers, des Parkplatzes u. a. Das Abnahmeprotokoll sollte ggf. zusätzlich zu den im Vorprotokoll enthaltenen Punkten die folgenden Faktoren beinhalten:

- Rückgabe alle übergebenen Schlüssel (prüfen, ob sie vorhanden sind und auch passen),

- Zählerstände und Zählernummern der Verbraucherfassungsgeräte,
- neue Adresse des Mieters,
- o. g. Punkte des Vorabnahmeprotokolls.

Mittlerweile gibt es eine App von Haufe, mit der Sie über Ihr Handy, Tablett etc. ein Protokoll mit Fotos erstellen können. Die Unterschrift erfolgt mit dem Finger auf dem Display und kann sofort per E-Mail an alle Beteiligten versendet werden! Das spart Zeit und Geld.

Wichtig !

Welche Raumfarben müssen Sie akzeptieren?
Bei der Rückgabe einer Wohnung müssen Sie Wände, die in einem neutralen Farbton gestrichen wurden, akzeptieren. Das gilt jedoch nicht für außergewöhnliche Wandfarben wie z. B. schwarz.
Bitte achten Sie darauf, dass Sie weder mündlich noch schriftlich das Wort »weißen« verwenden, weil in dem Wort die Farbe Weiß enthalten ist. Das ist eine unangemessene Farbvorgabe.

Exemplarisches Protokoll

ARBEITSHILFE ONLINE

Bei den Arbeitshilfen online finden Sie ein exemplarisches Protokoll für die Übergabe und Rückgabe einer Mietsache als Download.

5.14 Kautionsabrechnung

Nach der Übergabe der Wohnung erstellen Sie, sobald es Ihnen möglich ist, eine Kautionsabrechnung, in der Sie die angelegte Kaution zzgl. Zinsen und vermindert um den Solidaritätsabschlag, ggf. die Kapitalertragssteuer, aber auch die Kosten der Kautionsauflösung angeben. In Abzug zu bringende Kosten, die aus ausstehenden Mietzahlungen, Betriebskosten, Abrechnungsnachzahlungen und ggf. nicht behobenen Schäden resultieren, führen Sie mit auf. Der Restbetrag ist an den Mieter zu überweisen.

5.15 Die Datenschutzgrundverordnung (DSGVO) und ihre Verwendung in der Mietverwaltung

Dieses Thema begleitet uns bereits seit Monaten. Vielleicht können Sie es schon nicht mehr hören. Das verstehe ich sehr gut, aber trotzdem möchte ich Ihnen hierzu noch einige Informationen und Tipps an die Hand geben.

Hier zunächst die **Grundinformationen:**

- Die DSGVO gilt seit dem 25.05.2018.
- Wichtigste Neuregelung: Grundsätzliches Verbot der Nutzung und Verarbeitung personenbezogener Daten – sofern keine ausdrückliche Genehmigung der betroffenen Person vorliegt.
- Werden Daten zulässig gespeichert, ist ein Zugriff unbefugter Dritter zu unterbinden.
- Zur Überwachung der Daten und technischen Sicherheit ist ein Datenschutzbeauftragter zu benennen.
  - Auch unmittelbar mitwirkende Beschäftigte.
  - Nach gewerberechtlichen Grundsätzen juristische oder natürliche Person.
- Nachweis, wie Pannen verhindert werden (Dokumentationspflicht).
- Hohe Bußgelder bei Nichteinhaltung der DSGVO (bis 20 Mio. EUR oder 4% vom Jahresumsatz lt. IVD); siehe auch Art. 30 DSGVO.
- Dokumentation über Verarbeitungstätigkeit mit Risikoanalyse.
- Bedenkliches Beispiel: Der Mieter meldet einen Mangel, die Weitergabe seiner Telefonnummer an den Handwerker ohne Erlaubnis des Mieters ist zumindest bedenklich.
- Meldepflicht bei Datenschutzverletzung innerhalb von 72 Stunden (z. B. Diebstahl eines Servers etc.)

Hier eine Checkliste mit Tipps für Sie, um Ihnen den Umgang mit der Datenschutzgrundverordnung zu erleichtern:

- Holen Sie sich zeitnah alle nötigen Zustimmungen Ihrer Eigentümer/Mieter/Dienstleister/Mitarbeiter für die Weitergabe ihrer Daten.
- Erstellen Sie ein Verzeichnis von Verarbeitungstätigkeiten.
- Definieren Sie einen internen Ansprechpartner zum Thema »Datenschutz« (z. B. bei Anfragen von Behörden).

- Recherchieren Sie, in welchen Systemen und Datenbanken welche Daten gespeichert werden. So können Sie Auskunfts- oder Löschanfragen schneller bearbeiten.
- Vernichten Sie Karteileichen und Daten, die Sie im Rahmen der Aufbewahrungspflicht nicht mehr benötigen bzw. die Sie laut DSGVO bzw. BDSG löschen müssen.
- Besprechen Sie das Thema »Datenschutz« mit dem gesamten Team (Sensibilisierung). Auf diese Weise minimieren Sie Unsicherheiten Ihrer Kolleginnen und Kollegen. Das Thema »Datenschutz« geht jeden etwas an.
- Kommunizieren Sie mit Ihrer zuständigen Aufsichtsbehörde und stellen Sie Fragen. Die Behörde hilft Ihnen gerne weiter.
- Beschäftigen Sie mehr als zehn Mitarbeiter, die personenbezogene Daten verarbeiten? Dann hätten Sie bis zum 25. Mai 2018 einen Datenschutzbeauftragten bestimmen und melden müssen. Auch hier unterstützt Sie Ihre zuständige Aufsichtsbehörde.
- Passen Sie Ihre Homepage datenschutzkonform an: Datenschutzerklärung, Einwilligung zur Datenspeicherung, mögliche Weitergabe von Daten an Dritte, Sicherheitskonzept etc.
- Überprüfen Sie sämtliche Auftragsdatenverwaltungen (ADVs) sowie die technischen und organisatorischen Maßnahmen (TOMs), und zwar sowohl Ihre eigenen als auch die Ihrer Dienstleister. Vielleicht haben Sie in der letzten Zeit schon entsprechende Anfragen über geänderte Datenschutzrichtlinien (z. B. von Handwerkern) erhalten.

Am 25.05.2018 ist die Datenschutzgrundverordnung in Kraft getreten – Was ist nun zu beachten? Worauf müssen Sie sich vorbereiten?

Zunächst einmal: Lassen Sie sich von Medienberichten und hysterischen Eigentümern nicht verrückt machen. Datenschutz ist nur für denjenigen Hausverwalter beängstigend, der erst gar keinen betreibt.

- **Grundsätze:** Personenbezogene Daten müssen rechtmäßig, transparent, zweckmäßig, angemessen, richtig und vor allem sicher verarbeitet und aufbewahrt werden.
- **Aufsichtsbehörde:** Neben der Bundesaufsichtsbehörde gibt es in jedem Bundesland eine eigene Aufsichtsbehörde sowie eine/n Landesdatenschutzbeauftragte/n. Die Behörde nimmt Anfragen entgegen, verfolgt Beschwerden von Betroffenen und prüft ihrerseits die Einhaltung der DSGVO in Unternehmen. Sie ist auch die Stelle, die bei Datenschutzverstößen Bußgelder verhängen kann.

- **Verzeichnis von Verarbeitungstätigkeiten:** Hierbei handelt es sich um eine Übersicht aller Vorgänge eines Unternehmens, bei denen personenbezogene Daten verarbeitet werden. Egal, ob klein oder groß, jede Hausverwaltung muss ein solches Verzeichnis führen. Jeder Vorgang muss laut Art. 30 DSGVO mindestens die folgenden Informationen beinhalten:
  - Name und Kontaktdaten des Verantwortlichen,
  - Zweck der Verarbeitung (Warum werden die Daten verarbeitet?),
  - die Personengruppe und welche Daten verarbeitet werden,
  - der Empfänger der Daten (Wer erhält die Daten?),
  - wenn möglich, die zeitliche Planung der Löschung der Daten.

Weiterhin überprüfen Sie, ob Sie die nachfolgenden Schritte umgesetzt haben. Hierbei geht es um Schritte, die Außenstehende erkennen lassen, ob Sie die DSGVO auch umgesetzt haben:

- Datenschutzerklärung für die Website neu erstellen,
- Kontaktformular um eine Einwilligungserklärung ergänzen,
- Verschlüsselung der Website im https-Format,
- unwirksame Formulare von der Website entfernen,
- Erstellen der Informationen gem. Art. 13 und 14 DSGVO für neue Kunden und Sicherstellen der Zusendung an jeden neuen Kunden.

! **Achtung**

Denken Sie bitte daran, dass die DSGVO ggf. auch für Ihre Hausmeister, freien Mitarbeiter und andere Nichtbürokräfte gelten kann.
Voraussetzung ist, dass diese Personen ständig Zugriff auf personenbezogene Daten haben und digital auch im gleichen System wie die anderen arbeiten (z. B. Aufträge erhalten), in diesem System Abarbeitungsstände erfassen und sich die Daten der Kunden selbst aus dem System ziehen.

Bitte denken Sie daran, dass die Aufsichtsbehörden auch prüfen können, inwieweit Sie sich an die DSGVO halten. Überprüft werden z. B. stichprobenartig

- die Einhaltung der Vorschriften für die Benennung des Datenschutzbeauftragten,
- die Einhaltung der Meldung des Datenschutzbeauftragten an die Aufsichtsbehörde gem. Art. 37 ff. DSGVO,
- die Einhaltung des Art. 35 DSGVO (Durchführung von Datenschutzfolgeabschätzungen),

- die Meldung von Missbrauchsfällen gem. Art. 33 DSGVO an die Aufsichtsbehörden,
- die Meldung von Missbrauchsfällen an betroffene Personen an die Aufsichtsbehörden gem. Art. 34 DSGVO.

Die Stichproben werden vorher angekündigt!

Interessant können für die Prüfer bei den Strichproben die folgenden Unterlagen sein:
- Mieterselbstauskunft,
- Bonitätsauskunftsformulare bei Wohnungsvermietungen,
- komplette Löschung von Daten der Mietinteressenten für Ihre Wohnungen nach Ablauf bestimmter Fristen,
- Abfrage von Daten bei der Antragstellung für Immobiliarkredite.

Die nachstehenden Basics möchte ich Ihnen an einem Beispiel erläutern:
- Rechtsgrundlage erforderlich,
- Erforderlichkeit,
- Datenminimierung,
- Grundsatz der Richtigkeit aller Daten,
- Grundsatz der Transparenz (Information an den Kunden, Auskunft, Benachrichtigung),
- Grundsatz der Datensicherung und Vertraulichkeit der Daten (gilt z. B. auch nach Beendigung des Mietverhältnisses).

Beispiel: Selbstauskunftsformular des Mietinteressenten !

Hierbei gehen Sie ganz pragmatisch vor und haken die einzelnen Punkte ab.
Gibt es eine Rechtsgrundlage, die eingehalten werden muss?
- Ja, die DSGVO.

Ist das Selbstauskunftsformular für Sie erforderlich?
- Ja, weil Sie sich ein Bild vom Mietinteressenten und seiner Bonität machen wollen.

Datenminimierung – ist diese zu beachten?
- Ja, weil nur minimal Daten abgefragt werden.

Müssen die Daten des Interessenten richtig z. B. in den PC eingegeben werden?
- Natürlich ja, denken Sie an das Vier-Augen-Prinzip.

Müssen Sie dem Interessenten Auskunft darüber geben, ob und welche Daten Sie von ihm gespeichert haben?

- Ja, es gilt die Auskunfts- und Informationspflicht. Die Mieter müssen benachrichtigt werden.

Muss von Ihnen der Grundsatz der Datensicherheit eingehalten werden und sind die Daten des Interessenten von Ihnen vertraulich zu behandeln?

- Ja. Sollte z. B. Ihr Server bei einem Einbruchsdiebstahl mitgenommen werden, haben Sie das innerhalb von 72 Stunden den Behörden zu melden. Denken Sie bitte daran, dass der Datenschutz auch in Bezug auf Hausmeister, Nichtbürokräfte, Reinigungskräfte, freie Mitarbeiter etc. gilt. Nicht nur für Sie, Ihren Chef und Ihre Kollegen.

Müssen Sie das Selbstauskunftsformular vernichten, wenn Sie dem Interessenten Ihre Wohnung vermieten bzw. ihm absagen?

- Ja, denn nachdem Sie seine Bonität geprüft und festgestellt haben, dass sie in Ordnung oder nicht in Ordnung ist, hat Sie die finanzielle Seite nicht mehr zu interessieren. Bitte schreddern Sie die Unterlagen oder Sie sie fachgerecht vernichten.

Doch wie sieht es mit dem Datenschutz bei der Beendigung des Mietverhältnisses aus?

- Auch bei bestehenden Mietverträgen müssen die Unterlagen, die Sie zur Bonitätsprüfung benötigen, unverzüglich aus den Mietvertragsunterlagen entfernt und vernichtet werden (z. B. Schufa-Auskünfte, Selbstauskünfte, Gehaltsabrechnungen). Abgelaufene Mietverträge nebst Anlagen sind ebenfalls sofort zu vernichten.

Sollten Sie früher zur Vereinfachung der Abwicklung von Besichtigungsterminen dem Mietinteressenten die Telefonnummer und Namen des bisherigen Mieters gegeben haben, rate ich Ihnen für die Zukunft dringend von diesem Vorgehen ab. Die Weitergabe der Kontaktdaten des Noch-Mieters ist datenschutzrechtlich problematisch.

Empfehlung: Lassen Sie sich die Einwilligung des Mieters zur Weitergabe schriftlich geben.

! **Formulierungsvorschlag:**

Einwilligung über die Weitergabe von Kontaktdaten

Ich/wir sind damit einverstanden, dass meine/unsere Kontaktdaten an Wohnungsbewerber zur Vereinbarung von Besichtigungsterminen weitergeleitet werden dürfen. Die Einwilligung erfolgt freiwillig. Ich bin/wir sind darüber informiert, dass diese Einwilligung jederzeit widerrufen werden kann.

Daten, die Sie für die Betriebskostenabrechnung benötigen, dürfen mindestens bis zum Ablauf der Einwendungsfrist des Mieters (zwölf Monate nach Abrechnungszustellung) aufbewahrt werden.

Daten, die Ihre Ansprüche gegenüber dem Mieter betreffen, sollten bis zur Verjährungsfrist aufbewahrt werden.

Daten, die Rechtsstreitigkeiten betreffen, sollten nicht vor einem rechtskräftigen Abschluss des Rechtsstreits gelöscht werden.

Insgesamt ist die Löschungspflicht so lange gehemmt, wie die gesetzliche Aufbewahrungspflicht gilt, also unter Umständen sechs bis zehn Jahre.

Dies waren nun etliche Informationen, Empfehlungen und Tipps. Ich hoffe, ich konnte Ihnen damit schon ein ganzes Stück weiterhelfen. Sollten Sie noch weitere Informationen benötigen, denken Sie daran, dass Ihnen hier auch die Behörden hilfreich zur Verfügung stehen und Sie unterstützen.

5.16 Die Mietpreisbremse

Die Mietpreisbremse soll verhindern, dass die Mieten von Wohnungen über ein gewisses Maß hinaus ansteigen. Über die Umsetzung der Mietpreisbremse entscheiden die Bundesländer in eigener Verantwortung.

Für den Begriff »Mietpreisbremse« gibt es keine gesetzliche Definition. Zumeist wird von Mietpreisbremse im Zusammenhang mit der Begrenzung der Miethöhe bei Neu- oder Wiedervermietungen von Wohnungen gesprochen. Sie sagt aus, dass beim Abschluss eines neuen Mietvertrags darauf zu achten ist, dass die Neumiete nicht mehr als 10 % über der Miete liegt, die nach dem Mietspiegel für den Ort üblich ist. Allerdings gilt für eine Wohnungsmiete, die bei Inkrafttreten des Gesetzes bereits mehr als 10 % über einer Vergleichsmiete gemäß Mietspiegel liegt, dass sie auch weiterhin gültig ist.

Ist eine Wohnung (Neubau) nach dem 01.10.2015 zum ersten Mal vermietet worden, gilt die Mietpreisbremse nicht. Der Wohnungsneubau soll durch sie nicht behindert werden.

Aber auch im Zusammenhang mit der 2013 eingeführten Möglichkeit, die Kappungsgrenze für Mieterhöhungen in Bestandsmietverhältnissen zu senken, wird der Begriff »Mietpreisbremse« gebraucht (in Ballungsgebieten Mieterhöhung von max.

15 % innerhalb von drei Jahren, sonst maximal 20 % innerhalb von drei Jahren). Ob der Vermieter unter Berufung auf die Vormiete eine höhere als die nach der Mietpreisbremse an sich zulässige Miete verlangen kann, richtet sich nach dem letzten Wohnraummietverhältnis.

Die mangelhafte Wirkung der Mietpreisbremse macht ein Upgrade notwendig: Die Bundesregierung hat 2018 ein Gesetz zur Ergänzung der Regelungen über die zulässige Miethöhe bei Mietbeginn (Mietpreisbremse) und zur Anpassung der Regelungen über die Modernisierung der Mietsache (Mietrechtsanpassungsgesetz – MietAnpG) verabschiedet. Lesen Sie hierzu bitte auch das nachstehende wichtige Kapitel mit den neuen Mietrechtsänderungen des Jahres 2019:

5.17 Gesetz zur Ergänzung der Regelungen der zulässigen Miethöhe bei Mietbeginn und zur Anpassung der Regelungen über die Modernisierung der Mietsache – »Mietrechtsanpassungsgesetz (MietAnpG)«

Nachstehende Änderungen sind von uns einzuhalten:

Änderung der Modernisierungsumlage
Die bekannte 11 %-Regelung ist passé!

Jetzt gilt: Es sind jährlich nur noch 8 % der Modernisierungskosten auf die Mieter umzulegen. Weiterhin gilt für diese Umlage eine Kappungsgrenze von 3,00 EUR/m^2 innerhalb von sechs Jahren. Sollte die Miete jedoch unterhalb von 7,00 EUR/m^2 liegen, gilt als Obergrenze 2,00 EUR/m^2 innerhalb von sechs Jahren.

Einfache Berechnung der Modernisierungsumlage
Manchmal gestaltet sich diese Berechnung als äußerst schwierig. Kosten, die der Vermieter im Zuge der Modernisierungsumlage zu tragen hat, müssen aufwendig beim Handwerker erfragt werden.

!

Beispiel:

Ein einfach verglastes Fenster soll durch ein Thermopenfenster ausgewechselt werden. Jedoch befindet sich der Holzrahmen in einem desolaten Zustand. Die Kosten des Rahmens sind aus den Gesamtkosten herauszurechnen, da diese Erhaltungsmaßnahme (Instandsetzung) vom Eigentümer zu tragen ist.

Jetzt gilt: Bei Kosten von höchstens 10.000 EUR können Sie 30 % für den Rahmen abziehen. Der Rest sind Modernisierungskosten.

Die Mietpreisbremse

Sofern Sie bei der Neuvermietung eine Miete verlangen möchten, die über der nach der Mietpreisbremse an sich zulässigen Miete liegt, beachten Sie bitte Folgendes: Sie haben unaufgefordert Auskunft über die zuvor vereinbarte Miete zu erteilen (§ 556e Abs. 1 BGB – Berufung auf die Höhe der Vormiete). Bislang mussten die Mieter den Verstoß gegen die zulässige Miethöhe qualifiziert rügen. Das heißt, sie benötigten dafür Informationen über mögliche Ausnahmen von der Mietpreisbremse, so z. B. eine höhere Vormiete, durchgeführte Modernisierungsmaßnahmen wie auch die erstmalige Vermietung nach einer umfassenden Modernisierung und zum Schluss das Neubauprivileg. So war es für den Mieter fast unmöglich, qualifiziert zu rügen.

Jetzt gilt: Der Vermieter muss seinen künftigen Mieter bereits vor Abschluss des Mietvertrags unaufgefordert über eine Berufung auf die Ausnahmetatbestände informieren.

Der § 556 g enthält nun einen neuen Absatz, den Absatz 1a. Ihm zufolge muss der Vermieter, der eine Miete oberhalb des gem. § 556d Abs. 1 BGB zulässigen Höchstbetrags vereinbaren will, dem Mieter bei einem angespannten Wohnungsmarkt vor Unterzeichnung des Mietvertrags darüber unterrichten.

Sonst gilt: Es kann höchstens die nach der Mietpreisbremse zulässige Miete in Höhe von max. 10 % über der ortsüblichen Vergleichsmiete verlangt werden. Dies gilt auch bei Ausnahmen, die eine höhere Miete rechtfertigen, wenn Sie sich nicht auf Ausnahmetatbestände berufen. Allerdings können Sie die Auskünfte in diesem Fall nachholen. Der Mieter kann die Mietdifferenz noch für die nächsten zwei Jahre nach der erhaltenen Auskunft vom Vermieter zurückfordern. Dazu gilt, dass er die Miethöhe gerügt hat. Jetzt allerdings gilt für ihn nur noch die einfache Rüge mit vereinfachter Regel, also nur noch eine pauschale Rüge. Der Mieter benötigt nicht mehr Informationen bezüglich eventueller Ausnahmetatbestände, um eine Berechnung zur Höhe der seiner Meinung nach gerechtfertigten Miete durchführen zu können.

Sollte sich der Vermieter auf Ausnahmetatbestände berufen, muss sich die Rüge des Mieters auf diese Auskunft beziehen, er muss es ausdrücklich anzweifeln. Weiterhin muss er verlangen, dass ihm der vorherige Mietvertrag sowie eventuelle Mieterhöhungserklärungen vorgelegt werden. Der Vermieter kann sich hier nicht auf die Datenschutzgrundverordnung beziehen und die Herausgabe der Unterlagen verweigern.

Pflichtverletzung – »Herausmodernisierung«
Sollten Vermieter dem Mieter umfangreiche Modernisierungsmaßnahmen nur ankündigen, um den Mieter zur Kündigung zu bewegen, gilt:

Sofern der Vermieter nicht innerhalb von zwölf Monaten mit den Maßnahmen beginnt oder die Arbeiten nach Beginn mehr als zehn Monate ruhen, ist eine Pflichtverletzung des Vermieters zu vermuten. Dies gilt, wenn eine Mieterhöhung von mindestens 100 % angekündigt wird oder wenn die Maßnahmen so durchgeführt werden, dass der Mieter erheblich z. B. durch Staub- und Lärmentwicklung belastet wird. Sollte der Vermieter nachvollziehbare, objektive Gründe vorbringen, warum eine solche Ankündigung durchgeführt wurde, kann er sich entlasten.

Die Herausmodernisierung stellt eine Ordnungswidrigkeit dar und kann mit einer Geldbuße von bis zu 100.000 EUR geahndet werden.

Mieterschutz bei Weitervermietung zu sozialen Zwecken
Zum Schutz solcher Mietverhältnisse und zum Schutz der in den Wohnungen lebenden Personen wird die Anwendbarkeit von Vorschriften des Wohnraummietrechts erweitert auf gewerbliche Mietverhältnisse über Räume, die von juristischen Personen des öffentlichen Rechts oder von anerkannten privaten Trägern der Wohlfahrtspflege angemietet werden, um sie Personen mit dringendem Wohnbedarf zum Wohnen zu überlassen. Dies gilt jedoch nur für Mietverhältnisse, die neu abgeschlossen werden (§ 578 Abs. 3 BGB).

5.18 Interessantes zum geltenden Mietrecht

In diesem Kapitel befassen wir uns mit Interessantem bezüglich des geltenden Mietrechts, das Sie unbedingt wissen sollten. Im Wesentlichen hat sich geändert:

- Das Minderungsrecht bei Beeinträchtigungen des Mieters durch energetische Sanierung ist für die ersten drei Monate ausgeschlossen.
- Der Mieter soll alle Maßnahmen der energetischen Modernisierung dulden müssen. Es gilt jedoch weiter die Härtefallklausel, allerdings sind Gründe der Energieeffizienz und des Klimaschutzes zu berücksichtigen. Ausschlussfrist von einem Monat, längstens aber von zwei Monaten, d. h., der Einwand Ihres Mieters auf einen Härtefall gilt maximal zwei Monate.

Achtung !

Der Mieter muss die Umstände, die für ihn eine Härte im Hinblick auf die Duldung oder die Mieterhöhung bedeuten, innerhalb eines Monats ab Zugang der Modernisierungsankündigung in Textform mitteilen. Textform heißt auch ohne eigenhändige Unterschrift z. B. auch als E-Mail. Die Voraussetzung für das Laufen der Frist ist, dass Ihre Ankündigung der Modernisierung/Mieterhöhung den gesetzlichen Anforderungen entspricht und der Mieter von Ihnen auf die Härtefallklausel und die Frist hingewiesen wurde.

- Der Vermieter kann auf »anerkannte Pauschalwerte« Bezug nehmen, um insb. über die Energieeinsparungen zu informieren.
- Der Betrag der zu erwartenden Mieterhöhung im Mieterhöhungsverlangen soll nur dann angegeben werden, wenn eine Modernisierungsgrundlage erfolgt. Die neuen Betriebskosten müssen angegeben werden. Das gilt jedoch nicht für Maßnahmen, die ausschließlich Klimazielen und energiepolitischen Zielen dienen und keinen Bezug zur Wohnung Ihres Mieters haben.

Beispiel !

Sie möchten eine Fotovoltaikanlage montieren und die Kosten dafür durch eine Modernisierungsmieterhöhung bei Ihrem Mieter geltend machen. Das geht nicht, weil die Anlage den erzeugten Strom direkt in das allgemeine öffentliche Stromnetz und nicht in das hauseigene Stromnetz einspeist.

- Umgang mit vorausgegangenen Aufwendungen des Mieters. In der Vergangenheit kam es immer wieder zu Streitigkeiten, wenn bereits durch den Mieter auf eigene Kosten Modernisierungsmaßnahmen durchgeführt wurden.

! **Beispiel**

Ein Mieter könnte z. B. eine Gasheizung in seiner Wohnung eingebaut haben, die jetzt im Zuge der Modernisierung durch eine neue Gasheizung für das ganze Haus ersetzt werden soll. Das bedeutet nicht immer eine Härte für den Mieter. Es muss erst einmal geprüft werden, ob die Genehmigung des Vermieters zum Einbau dieser Gasheizung vorlag und dabei eine Regelung für den Modernisierungsfall getroffen wurde. Hatte der Vermieter zugestimmt, kann gegebenenfalls eine Abstandszahlung notwendig werden.
Als zweiter Schritt muss geprüft werden, ob die Investition des Mieters als abgewohnt gelten kann. Dabei wird allgemein angenommen, dass dies bei Aufwendungen in Höhe einer Jahresmiete binnen vier Jahren eintritt[8]. Ist diese Grenze noch nicht erreicht, ist die Investition des Mieters nur in Höhe des noch nicht abgewohnten Teils zu berücksichtigen.

- In das Gesetz wurden Modernisierungsvereinbarungen zwischen dem Vermieter und dem Mieter neu aufgenommen. In § 555 f. BGB werden erstmalig konkrete Maßnahmen zwischen dem Vermieter einerseits und dem Mieter andererseits als Vereinbarung im Gesetz aufgenommen. Das gilt jedoch nur dann, wenn sie nach dem Abschluss eines rechtsgültigen Mietvertrags getroffen wurden. Vereinbarungen, die zuungunsten des Mieters vom Gesetz abweichen, sind unwirksam.
- Die »Berliner Räumung« wurde als Alternative zur »normalen Räumung« im Gesetz festgeschrieben (Erleichterung der Besitzverschaffung und des Vermieterpfandrechts, kostengünstiger). In der ZPO verankert.
- Räumungen sollen erleichtert werden, indem es den Mietern erschwert wird, Räumungen dadurch zu verhindern, dass sie Personen, die dem Vermieter nicht bekannt sind, aufnehmen. Durch eine einstweilige Verfügung soll gegen solche Personen ein ergänzender Räumungstitel erwirkt werden können.

! **Beispiel**

In einer Wohnung wohnen Vater, Mutter, ein19-jähriger Sohn und eine 6-jährige Tochter. Sie haben für den Vater, die Mutter und den volljährigen Sohn ordnungsgemäß einen Räumungstitel erwirkt. Für die 6-jährige Tochter ist das nicht notwendig, weil sie noch nicht volljährig ist. Der Gerichtsvollzieher räumt die Wohnung und stellt fest, dass sich dort noch eine junge, volljährige Frau aufhält. Sie teilt dem Gerichtsvollzieher mit, sie sei die Freundin des Sohnes und wohne seit einigen Monaten mit in der Wohnung, habe aber «vergessen« sich anzumelden. Da der Gerichtsvollzieher keinen Räumungstitel gegen diese, Ihnen bis dato völlig unbekannte Frau, hat, musste früher das gesamte, zeitintensive Prozedere der

8 Siehe Schmidt-Futterer/Eisenschmidt.

Räumungsklage erneut durchlaufen werden. Das wird nun durch eine schnelle, einstweilige Verfügung verkürzt.

- Die Nichtzahlung von Kaution ist ein Grund zur fristlosen Kündigung – sogar ohne Abmahnung. Voraussetzung: Der Mieter ist mit der Zahlung der Kaution in Höhe von zwei Monatskaltmieten in Verzug. Kann geheilt werden, indem innerhalb von zwei Monaten ab Rechtshängigkeit der Räumungsklage gezahlt wird.

Achtung !

Die Neuregelung für Kautionen gilt nur für Mietverhältnisse, die ab Inkrafttreten der Mietrechtsänderung neu abgeschlossen wurden. Für bestehende Mietverhältnisse verbleibt es zunächst bei der bisherigen Regelung, die jedoch noch nicht endgültig geklärt ist.

- Umgehung des Kündigungsschutzes bei der Umwandlung von Miet- in Eigentumswohnungen durch einen Erwerb durch Gesellschaften oder mehrere Eigentümer. Die Umwandlung wird erschwert. Es gilt eine Kündigungsfrist von drei bzw. zehn Jahren. Ausnahme: Erwerb durch Familienmitglieder oder Angehörige desselben Haushalts zur Selbstnutzung.
- Während Räumungsprozessen nach Kündigungen wegen Zahlungsverzugs laufen häufig weitere Mietrückstände an. Der neue § 283a ZPO soll Vermieter hiervor schützen.
- Werden Räumungs- und Zahlungsklage miteinander verbunden, kann das Gericht dem Mieter aufgeben, für die Mietforderungen, die nach Rechtshängigkeit fällig werden, Sicherheiten zu leisten. Denkbare Sicherheiten sind z. B. eine Bürgschaft oder das Hinterlegen von Geld oder Wertpapieren. Voraussetzungen für eine Sicherungsanordnung sind ein Antrag des Vermieters und eine hohe Erfolgsaussicht der Klage auf Erfolg. Kommt der Mieter einer solchen Sicherungsanordnung nicht nach, kann das Gericht im Räumungsprozess eine einstweilige Verfügung auf Räumung erlassen.

Achtung !

Dem Vermieter wird der Nachweis auferlegt, dass ihm ansonsten ein besonderer Nachteil droht, z. B.

- die Bedrohung der finanziellen Existenz,
- die Mietforderungen werden benötigt, um notwendige Reparaturen an der Mietsache zu finanzieren, deren Nichtvornahme die Substanz des Gebäudes gefährdet.

Voraussetzung bleibt aber, dass der Mieter keinen rechtsrelevanten Grund hat, die Zahlung der Nutzungsentschädigung zu verweigern, z. B. bei einer berechtigten Mietminderung.

- Umlage der Kosten des Wärmecontractings: Die vorhandene Heizungsanlage des Vermieters wird von einem sog. Contractor durch eine neue effizientere Anlage ersetzt und betrieben. Auch bestehende Anlagen können weiter genutzt werden, vorausgesetzt, dass der Contractor sie effizienter betreibt. Der Contractor verkauft bei beiden Varianten die produzierte Wärme an den Vermieter und refinanziert so seine Investition.
- Wenn der Mieter aufgrund des Mietvertrags die Betriebskosten für Wärme oder Warmwasser tragen muss und der Vermieter die Versorgung von Eigenversorgung (z. B. hauseigene Zentralheizung) auf die eigenständig gewerbliche Lieferung durch einen Wärmelieferanten umstellt, muss der Mieter die Kosten der Wärmelieferung als Betriebskosten tragen.

5.19 Interessante Rechtsprechung

Defekte Telefonleitung rechtfertigt Mietminderung

Ist die Telefonleitung wegen eines defekten Kabels tot, ist dies ein Mangel der Mietsache, der zu einer Mietminderung berechtigt. Die Reparatur der Leitung obliegt indes nicht dem Vermieter, sondern dem Telekommunikationsunternehmen.

! **Hintergrund: Telefonleitung wegen Kabeldefekts tot**

Der Vermieter und die Mieterin einer Wohnung streiten über eine Mietminderung. Seit Juni 2015 funktioniert die Telefonleitung in der Wohnung wegen eines Defekts an einem Kabel nicht. Die Mieterin kann daher weder über das Festnetz telefonieren noch das Internet nutzen. Sie macht deshalb eine Mietminderung von zehn Prozent geltend. Zugleich verlangt sie vom Vermieter, dass die defekte Telefonleitung repariert wird.
Entscheidung: Die Mietminderung ist berechtigt.

Die Mietminderung von zehn Prozent ist gerechtfertigt. Die defekte Telefonleitung stellt einen zur Minderung berechtigenden Mangel der Wohnung dar. Der vertragsgemäße Verbrauch von zu Wohnzwecken vermieteten Räumen umfasst auch die Möglichkeit des Telefonierens über ein Festnetztelefon sowie die Benutzung des Internets über eine Festnetzleitung. Denn das »Wohnen« umfasst grundsätzlich alles, was zur Benutzung der gemieteten Räume als existenziellem Lebensmittelpunkt des Mieters in allen seinen Ausgestaltungen und mit allen seinen Bedürfnissen gehört.

Dabei ist es unerheblich, wie es zu dem Defekt des Kabels gekommen ist. Die Minderung tritt gemäß § 536 Abs. 1 BGB kraft Gesetzes ein, und zwar unabhängig davon, ob der Vermieter den Mangel zu vertreten hat.

Bei dem Defekt der Telefonleitung handelt es sich auch nicht um eine lediglich unerhebliche Beeinträchtigung der Tauglichkeit, was zur Folge hätte, dass eine Minderung ausgeschlossen wäre. Denn die Verfügbarkeit von Telefon und Internet ist heute essenziell. Auf die Nutzung eines Mobiltelefons oder sonstiger Alternativen kann insoweit nicht verwiesen werden. Angesichts der Wichtigkeit eines Telefonanschlusses ist eine Minderung von zehn Prozent gerechtfertigt.

Reparatur ist nicht Sache des Vermieters

Indes kann die Mieterin vom Vermieter selbst keine Reparatur der defekten Leitung verlangen. Die Pflichten des Vermieters zur Instandhaltung der Mietsache sind unter Rücksicht auf die Regelungen des Telekommunikationsgesetzes auszulegen. Danach liegt die Pflicht zur Reparatur von Telefonleitungen beim Telekommunikationsunternehmen. Den Vermieter trifft vor diesem Hintergrund nur die Pflicht, dem Telekommunikationsunternehmen den Zugang zum Haus zu ermöglichen und die Zustimmung zu den erforderlichen Arbeiten zu erteilen sowie diese zu dulden.[9]

Längerer Weg zur Mülltonne kann Mietminderung begründen

Wird der Standort einer Mülltonnen verlegt, sodass der Mieter zur Müllentsorgung einen deutlich längeren Weg zurücklegen muss, kann dies einen Mangel darstellen, der zu einer Mietminderung berechtigt.

Hintergrund !

Die Vermieterin und die Mieterin einer Wohnung streiten über eine Mietminderung wegen der Verlegung des Mülltonnenstandorts. Ursprünglich befand sich der Müllplatz in 85 Metern Entfernung zum Haus auf einem Nachbargrundstück. Die Mieterin konnte den Müllplatz erreichen, ohne über öffentlichen Straßenraum zu gehen.
Der Eigentümer des Nachbargrundstücks bot der Wohnungseigentümergemeinschaft, dessen Mitglied auch die Vermieterin ist, an, für eine einmalige Zahlung von 1.000,00 EUR eine Dienstbarkeit einzuräumen. Dann hätte der Müllplatz dort verbleiben können oder wäre nur unwesentlich verlegt worden. Dieses Geschäft kam nicht zustande. Schließlich

9 LG Essen, Urteil v. 21.07.2016, 10 S 43/16.

wurde der Standort der Mülltonnen verlegt, sodass der Laufweg von der Haustür aus jetzt 165 Meter beträgt und entlang einer öffentlichen Straße führt.
Die Mieterin hält dies für einen Mangel und hat die Miete im Januar 2011 um fünf Prozent gemindert. Die Vermieterin akzeptierte die Minderung nicht und verlangte die Zahlung der einbehaltenen Miete. Die Mieterin verlangte, dass der Standort der Mülltonne wieder verlegt wird.
Entscheidung: Das AG Köpenick hält eine Minderung von 2,5 Prozent für angemessen.
Die Miete war gemäß § 536 Abs. 1 BGB gemindert, denn die Lage des neuen Müllplatzes bedingt einen Mangel, weil die Mieterin nun einen erheblich längeren Weg zurücklegen muss. Diese Verschlechterung wird nicht dadurch aufgewogen, dass die Entleerungskosten sich verringert haben mögen, weil die Mülltonnen nun auf der Straße stehen. Es kommt auch für die Minderung nicht darauf an, ob die Vermieterin in der Lage ist, den alten Müllplatz zur Verfügung zu stellen.
Das Mängelbeseitigungsverlangen der Mieterin ist unbegründet. Die Vermieterin ist gemäß § 275 Abs. 2 BGB berechtigt, die Leistung zu verweigern. Sie muss nicht 1.000,00 EUR an den Eigentümer des Grundstücks, auf dem sich der alte Müllplatz befunden hat, zahlen, um diesen Müllplatz zur Verfügung zu stellen. Das stünde in einem groben Missverhältnis zum Interesse der Mieterin, den alten Müllplatz nutzen zu können.

Anforderungen an Gutachten für Mieterhöhung

Zur Begründung eines Mieterhöhungsverlangens mit einem Sachverständigengutachten reicht es, wenn das Gutachten Angaben zur ortsüblichen Vergleichsmiete und eine Einordnung der Wohnung enthält[10].

Mietkaution muss auf offenes Treuhandkonto

Eine Mietkaution muss auf einem offen ausgewiesenen Sonderkonto angelegt werden, damit der Schutz des Mieters vor dem Verlust der Kaution gewährleistet ist. Die Anlage auf einem versteckten Treuhandkonto reicht nicht aus[11].

Vermieter darf Kaution während des Mietverhältnisses nicht antasten

Der Vermieter darf die Mietkaution während des Mietverhältnisses nicht verwerten, um streitige Forderungen zu befriedigen. Eine Vereinbarung, die ihm dies gestattet, ist unwirksam[12].

10 BGH, Urteil v. 03.02.2016, VIII ZR 69/15.
11 BGH, Beschluss v. 09.06.2015, VIII ZR 324/14.
12 BGH, Urteil v. 07.05.2014, VIII ZR 234/13.

Verwalter muss Vermieter bei Mieterhöhung nicht namentlich nennen

Auch bei einem Mieterhöhungsverlangen genügt es, wenn sich die Vertretung des Vermieters durch einen Bevollmächtigten, z. B. die Hausverwaltung, aus den Umständen ergibt. Die Vertretung muss nicht ausdrücklich offengelegt und der Vermieter nicht namentlich benannt werden[13].

Eigenbedarfskündigung kippt durch Verletzung der Anbietpflicht nicht mehr

Bietet der Vermieter bei einer berechtigten Eigenbedarfskündigung dem Mieter eine verfügbare Alternativwohnung pflichtwidrig nicht an, führt dies nicht mehr zur Unwirksamkeit der Kündigung. Der BGH gibt seine gegenteilige Rechtsprechung ausdrücklich auf[14].

Keine Eigenbedarfskündigung auf Vorrat

Eine Kündigung wegen Eigenbedarfs für einen Verwandten setzt voraus, dass der Begünstigte tatsächlich in die Wohnung einziehen will. Solange der Nutzungswunsch der Bedarfsperson erst geweckt werden muss, besteht kein Eigenbedarf, der eine Kündigung rechtfertigt[15].

Nur vollständige Zahlung kann Kündigung wegen Mietrückstands kippen

Ein wegen Zahlungsverzugs des Mieters entstandenes Recht zur fristlosen Kündigung entfällt nur durch eine vollständige Zahlung des Rückstands vor dem Zugang der Kündigung. Auch durch eine Aufrechnung oder Schonfristzahlung wird die Kündigung nur unwirksam, wenn die Rückstände vollständig getilgt werden[16].

Rauchwarnmelder: Mieter muss Einbau trotz eigener Geräte dulden

Der Mieter muss den Einbau von Rauchwarnmeldern durch den Vermieter auch dann dulden, wenn er die Wohnung zuvor schon selbst mit Rauchwarnmeldern ausgestattet hat[17].

13 BGH, Urteil v. 02.04.2014, VIII ZR 231/13.
14 BGH, Urteil v. 14.12.2016, VIII ZR 232/15.
15 BGH, Beschluss v. 11.10.2016, VIII ZR 300/15.
16 BGH, Urteil v. 24.08.2016, VIII ZR 261/15.
17 BGH, Urteil v. 17.06.2015, VIII ZR 216/14.

Vermieter muss Versicherung in Anspruch nehmen, wenn Mieter die Prämien zahlt

Ein Mieter, der in der gemieteten Wohnung leicht fahrlässig einen Brand verursacht hat, kann vom Vermieter die Beseitigung des Schadens verlangen, wenn dieser durch eine Versicherung abgedeckt ist, deren Kosten der Mieter trägt[18].

Eigentümer haftet nicht für Stromverbrauch des Mieters

Bezieht der Mieter oder Pächter eines Grundstücks Strom, ohne mit dem Versorger einen schriftlichen Liefervertrag geschlossen zu haben, kommt nur zwischen dem Mieter/Pächter und dem Versorger stillschweigend ein Versorgungsvertrag zustande. Der Eigentümer des Grundstücks haftet nicht für die Stromkosten[19].

Auslandsaufenthalt gibt Recht auf Untervermietung

Ein längerer beruflicher Auslandsaufenthalt des Mieters begründet ein berechtigtes Interesse daran, Teile der Wohnung unterzuvermieten. Verweigert der Vermieter die Erlaubnis zur Untervermietung pflichtwidrig, muss er Schadensersatz leisten[20].

In unrenoviert übergebenen Wohnungen müssen Mieter nicht streichen

Eine Formularklausel, die dem Mieter einer unrenoviert übergebenen Wohnung die Schönheitsreparaturen ohne angemessenen Ausgleich auferlegt, ist auch dann unwirksam, wenn sich der Mieter gegenüber dem vorigen Mieter zur Renovierung verpflichtet hat.

Eine Formularklausel, mit der die Pflicht, die laufenden Schönheitsreparaturen auszuführen, auf den Mieter übertragen wird, ist unwirksam, wenn die Wohnung dem Mieter unrenoviert oder renovierungsbedürftig übergeben wurde und kein angemessener Ausgleich gewährt worden ist. Ansonsten müsste der Mieter auch sämtliche Gebrauchsspuren seines Vorgängers beseitigen und dem Vermieter die Wohnung gegebenenfalls in einem besseren Zustand zurückgeben, als er sie selbst erhalten hat.

---

18 BGH, Urteil v. 19.11.2014, VIII ZR 191/13.

19 BGH, Urteil v. 02.07.2014, VIII ZR 316/13.

20 BGH, Urteil v. 11.06.2014, VIII ZR 349/13, BGH Urteil v. 22.08.2018, VIII ZR 277/16 und BGH-Urteil v. 19.09.2018, VIII ZR 213/17 und VIII 261/17.

Fristlose und ordentliche Kündigung wegen Zahlungsverzugs des Mieters ist gleichzeitig möglich

In einer Entscheidung des BGHs wurde festgestellt, dass der Vermieter bei Zahlungsverzug des Mieters neben der fristlosen Kündigung des Wohnraummietverhältnisses auch die ordentliche Kündigung erklären kann. Sofern der Mieter die offenstehenden Mieten nachzahlt, lässt dies nur die fristlose Kündigung hinfällig werden. Die ordentliche Kündigung bleibt wirksam und der Mieter verliert seine Wohnung.

6 Buchhaltung und Abrechnung

6.1 Rechnungslegung und Jahresabrechnung gegenüber dem Vermieter

Sie sind Ihrem Auftraggeber gegenüber verpflichtet, eine Jahresabrechnung zu erstellen. Dabei handelt es sich normalerweise um eine Einnahmenüberschussrechnung.

Bankkontostand zum 1.1.	32.000 EUR
+ Summe aller Einnahmen	24.000 EUR
- Summe aller Ausgaben	6.000 EUR
Bankguthaben zum 31.12.	50.000 EUR

Legen Sie dem Vermieter einmal jährlich alle Buchhaltungsunterlagen und ein Buchungsjournal vor. Beachten Sie dabei den Grundsatz: keine Buchung ohne Beleg. Der Vermieter prüft nun, ob die Buchungen auf den Kontoauszügen mit den Buchungen Ihres Buchungsjournals übereinstimmen und kontrolliert, ob alle Belege vorhanden sind. Sofern alles korrekt ist, lassen Sie sich das in Ihrem eigenen Interesse schriftlich bestätigen. Alle wichtigen Unterlagen, Belege, Kontoauszüge, Abrechnungen etc., unterliegen einer Aufbewahrungsfrist von zehn Jahren.

Übliche Buchungskonten für die Vermieterbuchhaltung

- Mieten
- Betriebskostenvorauszahlungen
- Wasser
- Abwasser/Niederschlagswasser
- Straßenreinigung
- Müllabfuhr
- Grundsteuer
- Heizkosten
- Allgemeinstrom
- Schornsteinfegerkosten
- Versicherungen
- Bank

- Hausmeister
- Gartenpflege
- Winterdienst
- Wartungskosten
- Betriebskosten Aufzug
- Kabelgebühren
- Entnahme Eigentümer

6.2 Erstellung einer Betriebskostenabrechnung

Sie und Ihre verwalterische Tätigkeit werden von Ihrem Auftraggeber, dem Vermieter, und Ihren Mietern besonders daran gemessen, ob Ihre Betriebskostenabrechnung rechtlich und rechnerisch einwandfrei ist.

6.2.1 Anforderungen

Um eine korrekte Abrechnung erstellen zu können, prüfen Sie neben den rechtlichen und formellen Anforderungen zunächst die folgenden Punkte:

- Sind die im Mietvertrag angegebenen Umlageschlüssel richtig in die Stammdaten eingegeben? Das ist besonders bei Neuvermietungen zu überprüfen.
- Ist der Abrechnungszeitraum korrekt angegeben? Auch hier ist ggf. ein Mieterwechsel zu berücksichtigen. Es ist Bestandteil der Betriebskostenabrechnung.

Die Betriebskostenabrechnung weist neben formellen Angaben wie Name und Adresse der Verwaltung, Mietername und Adresse, Angabe des Objekts, Nr. der Einheit, Abrechnungszeitraum, Gesamtwohnfläche des Hauses und Datum der Abrechnung sämtliche vereinbarten Betriebskosten als Gesamtbeträge aus. Um die anteiligen Kosten des jeweiligen Mieters zu errechnen, benötigen Sie die m^2 der Wohnung, ggf. andere vereinbarte Umlageschlüssel und den Betrag aus der Heiz- und Warmwasserabrechnung.

Kosten wie Verwaltergebühren, Reparaturkosten und Instandhaltungskosten sind nicht auf den Mieter umlagefähig.

Ermitteln Sie nun die Gesamtkosten der Einheit und stellen Sie die Vorauszahlungen den Kosten gegenüber. Daraus resultierend ergibt sich eine Nachzahlung oder ein Guthaben für den Mieter. Sie haben nun die Möglichkeit, die Nebenkostenvorauszahlung ggf. schriftlich anzupassen.

Fügen Sie der Abrechnung die Heizkosten- und Warmwasserabrechnung bei. Bei einer Nachzahlung vergessen Sie bitte nicht, die IBAN, die BIC und eine Zahlungsfrist (bitte nicht unter zehn Tagen) anzugeben.

Umlegbare Betriebskosten nach § 556 BGB

Im § 556 BGB ist verankert, dass es umlagefähige Betriebskosten gibt. Diese finden Sie im Einzelnen aufgelistet in § 2 der Betriebskostenverordnung. Prüfen Sie bitte, ob diese sich auch in dem jeweiligen Mietvertrag wiederfinden. Denn nur dann können Sie die dazu entstandenen Kosten abrechnen. Sollten weitere Kosten angefallen und im Mietvertrag aufgenommen sein, so müssen sie auch gesetzlich angefallen sein. Prüfen Sie zudem, ob die Kosten laufend angefallen sind.

Beispiel 1 !

In Ihrer Liegenschaft werden erstmalig Kakerlaken festgestellt. Die Kosten für einen Kammerjäger dürfen nicht umgelegt werden. Sollten Kakerlaken aufgrund von für sie geeigneten Temperaturen – z. B. unterirdische Therme mit heißem Wasser – immer wieder auftauchen, sodass immer wieder laufende Kosten für den Kammerjäger entstehen, sind diese Kosten umlagefähig.

Beispiel 2 !

Die Wartung von Feuerlöschern erfolgt regelmäßig nur alle zwei Jahre. Die Kosten hierfür fallen aber laufend alle zwei Jahre an und sind damit wiederkehrende Kosten, die auf die Mieter umgelegt werden können.

Nicht umlegbar sind:

- Rechtschutzversicherungskosten,
- Reparaturkosten,
- Umlageausfallwagnis,
- Verwaltergebühren,
- Instandhaltungsrücklage,
- Bankgebühren,
- Abrechnungskosten,

- Erbbauzins,
- Finanzierungskosten.

Bei preisgebundenem Wohnraum kann ein Umlageausfallwagnis bis zu 2 Prozent gem. § 20 Neumieterverordnung umgelegt werden. Außerdem dürfen Eigenleistungen des Vermieters angesetzt werden. Maximal jedoch in Höhe des Betrags, der von Dritten angesetzt würde, allerdings ohne Mehrwertsteuer.

Umlageschlüssel

Betriebskosten können nach dem Verbrauch abgerechnet werden. Dieser Umlageschlüssel bietet sich bei Heiz- und Wasserkosten an. Hierzu befinden sich in den Wohnungen Heiz- und Wasserzähler. Die restlichen Betriebskosten werden nach Quadratmeter Wohnfläche abgerechnet.

! **Beispiel**

Die Gebäudehaftpflichtversicherungskosten betragen im Jahr 500 EUR. Die Gesamtfläche des Hauses beträgt 800 m², die Wohnfläche der Wohnung Nr. 7 50 m².

Die Kosten von 500 EUR werden durch die Gesamtfläche dividiert und mit der Wohnfläche multipliziert, also

$500\ \text{EUR} : 800\ \text{m}^2 \times 50\ \text{m}^2 = 31{,}25\ \text{EUR}$.

Die Gebäudehaftpflichtversicherungskosten für die Wohnung Nr. 7 belaufen sich also anteilmäßig auf 31,25 EUR.

Bitte verwenden Sie in neuen Mietverträgen nicht mehr die Umlageschlüssel Personen- und/oder Wohneinheiten, weil sie veraltet sind.

! **Achtung**

- Die Betriebskostenabrechnung muss bis zum 31.12. der Abrechnungsperiode des folgenden Jahres erfolgen, es sei denn, der Vermieter hat die verspätete Abrechnung nicht verschuldet.
- Bitte beachten Sie, dass die Abrechnung am 31.12. spätestens vormittags zugestellt wird.
- Die Abrechnung muss klar, übersichtlich, geordnet und nachvollziehbar sein.
- Dem Mieter ist es zuzumuten, dass er sich einen Taschenrechner für die Überprüfung der Abrechnung zulegt.
- Kopien von Buchhaltungsunterlagen müssen nicht für den Mieter angefertigt bzw. ihm übersandt werden, es sei denn, die Verwaltung ist weit vom Mietobjekt entfernt.

- Der Mieter hat das Recht der Einsicht, darf also Belege scannen oder fotografieren.
- Der Vermieter muss die Betriebskostenabrechnung jedoch nicht erklären.
- Wird mehrere Jahre nicht abgerechnet, darf der Mieter die Nebenkostenvorauszahlung zurückfordern.
- Verjährung: drei Jahre.
- Eine Teilfälligkeit ist möglich, wenn nur einzelne Posten strittig sind.
- Wenn der Vermieter seine Forderung verspätet geltend macht und der Mieter objektiv nicht mehr damit rechnen muss und nicht mehr damit gerechnet hat, ist die Forderung verwirkt (vom Gericht aus zu berücksichtigen).
- Eine Einwendung gegen die Abrechnung ist bis spätestens zwölf Monate nach Zugang der Abrechnung einzureichen, es sei denn, der Mieter hat die Verspätung nicht zu vertreten.
- Der Vermieter muss beweisen, dass die Abrechnung fehlerfrei ist.
- Ein pauschales Bestreiten der Richtigkeit der Abrechnung durch den Mieter reicht nicht aus – substanziierte Mitteilung.
- Die Erhöhung/Minderung der Nebenkostenvorauszahlung ist vermieter- und mieterseits möglich.

Was tun, wenn Sie am 31.12. aufwachen und feststellen, dass Sie die Mietabrechnung noch nicht fertiggestellt haben und Sie noch nicht einmal die Heiz- und Wasserkostenabrechnung von Ihrem Abrechnungsdienstleister zurückbekommen haben? Keine Panik! Sie erstellen eine Abrechnung, die so überzogen falsch ist, dass Ihr es Mieter sofort bemerkt. Der Mieter wird Sie dann auffordern, die Abrechnung zu korrigieren. Gerne werden Sie seiner Aufforderung Folge leisten und eine korrekte Nebenkostenabrechnung erstellen – das Problem ist gelöst. Bedenken Sie jedoch, dass Sie die Korrektur so bald wie möglich erstellen sollten.

6.2.2 Heizkosten und Warmwasserabrechnung

Rechtsgrundlage

Bei Vorhandensein einer zentralen Heizungs- sowie zentralen Warmwasseraufbereitungsanlage sind die Kosten zwingend nach der Heizkostenverordnung (HeizKV) abzurechnen. Damit beabsichtigt der Gesetzgeber, einen Beitrag zur Einsparung von Heizenergie zu leisten. Nur in Ausnahmefällen gem. § 11 HeizKV, z. B. bei Häusern mit weniger als drei Wohnungen, kann z. B. nach Wohnfläche abgerechnet werden. Sollte Ihr Objekt mehr als drei Wohnungen aufweisen und trotzdem über keine Zähler verfügen, hat Ihr Mieter die Möglichkeit, die Kosten in den verbrauchsorientierten Kostenarten zu mindern.

Verbrauchserfassung

Der Vermieter ist verpflichtet, die Räume mit Verbrauchserfassungsgeräten für Wärme bzw. für Warmwasser auszustatten. Dabei kann er zwischen zwei Alternativen wählen: Er kann die Geräte entweder käuflich erwerben oder anmieten. Es bietet sich an, die Geräte zu mieten, weil die Kosten der Geräteanmietung auf den Mieter umgelegt werden können und in der Heizkostenabrechnung aufgeführt werden.

Bei Störungen der Verbrauchserfassung, z. B. bei einem defekten Erfassungsgerät, ist eine Abrechnung durch Schätzung möglich. Hier wird die Schätzung aufgrund der Vorjahresberichte oder vergleichbarer Räume vorgenommen.

Wärmegradtageszahlen

Wärmegradtageszahlen werden zur Berechnung des Heizwärmebedarfs der Wohnung genutzt, sofern die Zähler defekt sind oder der Mieter den Ableser nicht in seine Wohnung lässt. Bei der Berechnung wird der Zusammenhang zwischen Raumtemperatur und Außenlufttemperatur für die Heiztage dargestellt. Damit können die Heizkosten Ihres Mieters berechnet werden. Die monatlichen Wärmegradtageszahlen liegen Ihren Abrechnungsdiensten vor, sprechen Sie mit ihnen, sofern es Probleme beim Ablesen gibt, und verweisen Sie auf die Berechnung über Wärmegradtageszahlen.

Um eine Nebenkostenabrechnung zu erstellen, benötigen Sie neben den jeweiligen Kosten insb. auch die Jahresabrechnung für Wasser, Kanal und Heizkosten. Diese Kosten senden Sie an Ihren Ablese- und Abrechnungsdienst. Dabei können Sie auch Schornsteinfeger- und Wartungskosten für die Heizungsanlage angeben. Sofern Sie keinen Zwischenzähler für den Stromverbrauch Ihrer Heizungsanlage haben, geben Sie bitte den Verbrauch als Pauschale an. Die Pauschale beträgt fünf Prozent des Heizungsverbrauchs. Außerdem fügen Sie bitte noch die vom Abrechnungsdienst zugesendete Nutzerliste mit den aktuellen Mieternamen hinzu. Sollte ein Mieter ausgezogen sein, teilen Sie bitte noch das Datum seines Auszugs und das Datum des Einzugs des Neumieters mit.

! **Achtung**

Sofern Sie im Mietvertrag mit Ihrem Mieter vereinbart haben, dass er die Kosten für die Zwischenablesung für Heizung und Wasser übernimmt, geben Sie diese Information an die Abrechnungsfirma weiter. Sie nimmt es in die Mieterabrechnung auf. Ansonsten tragen Sie bzw. der Eigentümer die Kosten. Je nachdem, wie viele Ein- und Auszüge im Jahr zusammenkommen, ergibt sich dadurch schnell ein dreistelliger Betrag für Sie bzw. den Eigentümer.

Verteilungsmaßstab und Messgeräte
Die Verteilung der Kosten der Wärmeversorgung unterliegt einem Verteilungsmaßstab. So können zwischen 50 und 70 Prozent nach dem erfassten Wärmeverbrauch verteilt werden. Der restliche Anteil wird nach Wohnflächen, Nutzflächen oder umbautem Raum verteilt.

Als Messgeräte stehen Heizkostenverteiler oder Wärmemengenzähler zur Verfügung. Letztere unterliegen einer Eichzeit von fünf Jahren und werden nach Ablauf der Eichzeit entweder gewechselt oder neu geeicht. Wärmemengenzähler arbeiten nach dem Verdunstungsprinzip oder durch eine elektronische Messgrößenerfassung.

Mithilfe von Warmwasserzählern wird der Warmwasserverbrauch erfasst. Die Wartung der Geräte sowie die Ablesung und die Abrechnung erfolgt über externe Anbieter wie z. B. Ista GmbH, Techem GmbH, MinolBrunata GmbH etc. Daneben gibt es diverse örtliche Anbieter und mittlerweile auch eine entsprechende Software, mit der Sie diese Dienstleistung als Verwalter auch selbst anbieten können.

Die anfallenden Ablese- und Abrechnungskosten werden in der Heizkostenabrechnung in Ansatz gebracht.

6.2.3 Betriebskostenabrechnung

Die Betriebskostenabrechnung weist neben formellen Angaben (z. B. Name und Adresse der Verwaltung, Mietername und Adresse, Angabe des Objekts, Nr. der Einheit, Abrechnungszeitraum, Gesamtwohnfläche des Hauses und Datum der Abrechnung) sämtliche vereinbarten Betriebskosten als Gesamtbeträge aus. Um die anteiligen Kosten des jeweiligen Mieters zu errechnen, benötigen Sie die Quadratmeter der Wohnung, ggf. andere vereinbarte Umlageschlüssel und den Betrag aus der Heiz- und Warmwasserabrechnung. Kosten wie Verwaltergebühren, Reparaturkosten und Instandhaltungskosten sind nicht auf den Mieter umlagefähig. Ermitteln Sie nun die Gesamtkosten der Einheit und stellen die Vorauszahlungen den Kosten gegenüber. Daraus resultierend ergibt sich eine Nachzahlung oder ein Guthaben für den Mieter. Sie haben nun ggf. die Möglichkeit, die Nebenkostenvorauszahlung schriftlich anzupassen.

Fügen Sie der Abrechnung die Heizkosten- und Warmwasserabrechnung bei. Bei Nachzahlungen vergessen Sie bitte nicht, Ihre Bankverbindung (IBAN und BIC) und eine Zahlungsfrist (bitte nicht unter zehn Tagen) anzugeben.

ARBEITSHILFE ONLINE

Exemplarische Betriebskostenabrechnung und Checkliste zum Thema

Bei den Arbeitshilfen online finden Sie eine exemplarische Betriebskostenabrechnung und eine Checkliste zur Betriebskostenabrechnung als Download.

Nutzerwechsel innerhalb des Abrechnungszeitraums

Bei einem Nutzerwechsel ist der Mietverwalter gem. HeizKV verpflichtet, eine Zwischenablesung des Heizungs- und Warmwasserverbrauchs durchführen zu lassen, falls vertraglich nichts anderes festgelegt wurde oder eine Zwischenablesung grundsätzlich nicht möglich bzw. aus technischen Gründen nicht sachgerecht ist.

Bezüglich der restlichen Betriebskosten ist auf der Grundlage aller vorliegenden Rechnungsunterlagen eine jahresanteilige Zwischenabrechnung möglich.

!

Beispiel

Ihr Altmieter zieht am 31.8.20xx aus, der Neumieter am 1.9.20xx ein. Im darauf folgenden Jahr berechnen Sie z. B. die Kosten für den Schornsteinfeger wie folgt:
Die Schornsteinfegerkosten betragen 200 EUR pro Jahr für die Wohnung Nr. 5 Ihrer Mieter.
Berechnung für den Altmieter:
200 EUR : 12 Monate x 8 Monate Mietdauer = 133,33 EUR.
Berechnung für den Neumieter:
200 EUR : 12 Monate x 4 Monate Mietdauer = 66,66 EUR.

Damit der Abrechnungsdienst die Jahresabrechnung erstellen kann, wird Ihrerseits eine Heizkosten- und Nutzerliste, die Sie von ihm zugesendet bekommen haben, ausgefüllt.

6.2.4 Gesetz zur steuerlichen Förderung von Wachstum und Beschäftigung

Anwendung des § 35a EStG in der Mietverwaltung

Der Gesetzgeber hat o. g. Gesetz mit Datum vom 26.4.2006 verabschiedet, das zum 1.1.2007 in Kraft trat. Dabei wurden unter anderem die Regelungen des § 35a EStG geändert, sodass diese Bestimmung eine völlig neue Bedeutung für Verwalter, Eigentümer und Mieter gewonnen hat.

Erweitert wurde das Gesetz nun dahin gehend, dass auch für den Lohnanteil von Handwerkerleistungen bei Renovierungs-, Erhaltungs- und Modernisierungsmaßnahmen bis maximal 1.200 EUR geltend gemacht werden können (20 Prozent von 6.000 EUR). Die Steuerermäßigungen werden rückwirkend für alle Aufwendungen gewährt, die für Leistungen getätigt wurden, die nach dem 31.12.2005 erbracht wurden.

Fallgruppen

Für die Mietverwaltung sind die folgenden Fallgruppen der Abzugsfähigkeit der Anwendung für haushaltsnahe Dienstleistungsverhältnisse zu unterscheiden:

- Geringfügig Beschäftigte: bis 2.550 EUR in Höhe von 20 Prozent, höchstens jedoch 510 EUR.
- Sozialversicherungspflichtige Angestellte oder Selbstständige: bis 20.000 EUR in Höhe von 20 Prozent, höchstens jedoch 4.000 EUR.
- Handwerkerleistungen: bis 6.000 EUR in Höhe von 20 Prozent, höchstens jedoch 1.200 EUR.

Handwerkliche Tätigkeiten im Rahmen einer Neubaumaßnahme gehören nicht dazu.

Die Anwendbarkeit in der Praxis

Der Mieter kann die Steuerermäßigung in Anspruch nehmen, sofern er im Rahmen der Betriebskostenvorauszahlung Zahlungen an den Vermieter leistet. Die Beträge für haushaltsnahe Dienstleistungen sind von Ihnen in der Betriebskostenabrechnung auszuweisen oder Sie müssen eine gesonderte Bescheinigung ausstellen.

Die Steuerermäßigung kommt nur in Betracht, wenn

- in der Abrechnung bzw. in der Bescheinigung die in dem jeweiligen Kalenderjahr unbar gezahlten Beträge jeweils nach den haushaltsnahen Beschäftigungsverhältnissen bzw. Dienstleistungen gesondert aufgeführt sind.
- der Anteil der Kosten, die steuerbegünstigt sind, also Arbeits- und Fahrtkosten, ausgewiesen sind.
- der Anteil des einzelnen Mieters gem. seiner Quadratmeter Wohnfläche errechnet und aufgeführt ist.

Die Bescheinigung bzw. die Betriebskostenabrechnung ersetzt den Nachweis durch Rechnungsvorlage sowie den Zahlungsbeleg über die unbare Zahlung der Aufwendungen.

Vergabe von Handwerker- und Dienstleistungen

Gemäß Anwendungsschreiben des BMF zu § 35a EStG haben Sie den Anteil der Arbeitskosten grundsätzlich in der Rechnung gesondert auszuweisen. Bei Wartungsverträgen kann der Anteil der Arbeitskosten, der sich pauschal aus einer Mischkalkulation ergeben kann, aus einer Anlage zur Rechnung hervorgehen. Ein gesonderter Ausweis der Mehrwertsteuer ist nicht erforderlich.

! **Tipp**

Sie sollten also bereits bei der Vergabe einer Handwerker- oder Dienstleistung darauf aufmerksam machen, dass Sie die Rechnung nur bei Einhaltung der Splittung nach Arbeits- und Fahrtkosten einerseits und Materialkosten andererseits bzw. durch eine entsprechende Aufsplittung in einer Anlage zur Rechnung zahlen.

Sondervergütung

Grundsätzlich gehören das Erstellen der Betriebskostenabrechnung und alle damit in Zusammenhang stehenden Kosten zur ordnungsgemäßen Verwaltung. Von daher besteht zunächst kein gesonderter Vergütungsanspruch. Deshalb sollten Sie in einem Gespräch versuchen, eine Sondervergütung pro Wohnung und Jahr mit dem Vermieter auszuhandeln. Weiterhin kann eine Bearbeitungspauschale vereinbart werden, sofern das Finanzamt zusätzliche Nachweise wie z. B. Rechnungskopien verlangt. Bei Neuverträgen sollten die o. g. Vergütungen mit aufgenommen werden.

Haftung

Zur Vermeidung eventueller Haftungsansprüche gegen Sie bei fehlerhaften steuerlichen Angaben in den Abrechnungen und zur Vermeidung des Vorwurfs unerlaubter steuerlicher Beratung sollten Sie die folgenden Punkte beachten:

- Bezeichnen Sie die ausgewiesenen Beträge nicht als haushaltsnahe Dienstleistungen. Wählen Sie die neutrale Bezeichnung »in obigen Aufwendungen enthaltene Lohnkosten«. Somit nehmen Sie keine steuerrechtliche Bewertung vor.
- Dem jeweiligen Mieter oder seinem zuständigen Finanzamt soll es überlassen bleiben, über die tatsächliche Geltendmachung/Anerkennung der einzelnen Aufwendungen zu befinden.

Tipp !

Weiterhin nehmen Sie in Ihre Jahresabrechnung den folgenden Passus auf:
»Firma xy, als Verwalter, haftet nicht für etwaige Steuerbegünstigungen der Anspruchsberechtigten, die sich aus den jeweiligen ausgewiesenen steuerbegünstigten Arbeits- und Fahrtkosten der einzelnen Kostenarten ergeben und in der Betriebskostenabrechnung aufgeführt sind.«

Begünstigte/unbegünstigte Kosten nach § 35a EStG

Maßnahme	Begünstigt	Nicht begünstigt	Haushaltsnahe Dienstleistung	Handwerkerleistung
Abfallmanagement (»Vorsortierung«)	Kosten der Maßnahmen innerhalb des Haushalts	Kosten der Maßnahmen außerhalb des Haushalts	×	
Abflussrohrreinigung	×			×
Ablesedienst und Abrechnung bei Verbrauchszählern (Strom, Wasser, Gas, Heizung usw.)		×		

Maßnahme	Begünstigt	Nicht begünstigt	Haushaltsnahe Dienstleistung	Handwerker-leistung
Abriss eines baufälligen Gebäudes mit anschließendem Neubau		×		
Abwasserentsorgung	Kosten der Maßnahmen (Wartung und Reinigung) innerhalb des Haushalts	Kosten der Maßnahmen außerhalb des Haushalts		×
Arbeiten				
1. am Dach	×			×
2. an Bodenbelägen	×			×
3. an der Fassade	×			×
4. an Garagen	×			×
5. an Innen- und Außenwänden	×			×
6. an Zu- und Ableitungen	×			×
Architektenleistung		×		
Asbestsanierung	×			×
Aufstellung eines Baugerüsts	Arbeitskosten	Kosten der Miete und des Materials		×
Aufzugsnotruf		×		

Maßnahme	Begünstigt	Nicht begünstigt	Haushaltsnahe Dienstleistung	Handwerker-leistung
Außenanlagen, Errichtung von ~, wie z. B. Wege, Zäune	Arbeitskosten der Maßnahmen innerhalb des Haushalts	• Kosten der Maßnahmen außerhalb des Haushalts oder • im Rahmen einer Neubaumaßnahme (Rn. 21) und • Materialkosten		×
Austausch oder Modernisierung				
1. der Einbauküche	× (Rn. 39)	• Kosten der Maßnahmen außerhalb des Haushalts und • Materialkosten		×
2. von Bodenbelägen (z. B. Teppichboden, Parkett, Fliesen)	× (Rn. 39)			×
3. von Fenstern, Treppen und Türen	× (Rn. 39)			×
Beprobung des Trinkwassers	×			×
Bereitschaft der Erbringung einer ansonsten begünstigten Leistung im Bedarfsfall	als Nebenleistung einer ansonsten begünstigten Hauptleistung	nur Bereitschaft	Abgrenzung im Einzelfall	Abgrenzung im Einzelfall
Brandschadensanierung	soweit nicht Versicherungsleistung	soweit Versicherungsleistung		×

Maßnahme	**Begünstigt**	**Nicht begünstigt**	**Haushaltsnahe Dienstleistung**	**Handwerkerleistung**
Carport, Terrassenüberdachung	Arbeitskosten	• Materialkosten sowie • Kosten der Errichtung im Rahmen einer Neubaumaßnahme (Rn. 21)		×
Chauffeur		×		
Dachgeschossausbau	Arbeitskosten	• Materialkosten sowie • Kosten der Errichtung im Rahmen einer Neubaumaßnahme (Rn. 21)		×
Dachrinnenreinigung	×			×
Datenverbindungen	s. Hausanschlüsse	s. Hausanschlüsse		×
Deichabgaben		×		×
Dichtheitsüberprüfung von Abwasseranlagen	×			×
Elektroanlagen	Kosten der Wartung und Reparatur			×
Energiepass		× (Rn. 20)		

Maßnahme	Begünstigt	Nicht begünstigt	Haushaltsnahe Dienstleistung	Handwerkerleistung
Entsorgungsleistung	als Nebenleistung (z. B. Bauschutt, Fliesenabfuhr bei Neuverfliesung eines Bads, Grünschnittabfuhr bei Gartenpflege)	als Hauptleistung	Abgrenzung im Einzelfall	Abgrenzung im Einzelfall
Erhaltungsmaßnahmen	Arbeitskosten der Maßnahmen innerhalb des Haushalts	• Kosten der Maßnahmen außerhalb des Haushalts sowie • Materialkosten		×
Erstellung oder Hilfe bei der Erstellung der Steuererklärung		×		
»Essen auf Rädern«		×		
Fäkalienabfuhr		×		
Fahrstuhlkosten	Kosten der Wartung und der Reparatur	Betriebskosten		×
Fertiggaragen	Arbeitskosten	• Kosten der Errichtung im Rahmen einer Neubaumaßnahme (Rn. 21) sowie • Materialkosten		×
Feuerlöscher	Kosten der Wartung			×

Maßnahme	**Begünstigt**	**Nicht begünstigt**	**Haushaltsnahe Dienstleistung**	**Handwerkerleistung**
Feuerstättenschau – s. auch Schornsteinfeger	×			×
Finanzierungsgutachten		x (Rn. 20)		
Fitnesstrainer		×		
Friseurleistungen	*nur* soweit sie zu den Pflege- und Betreuungsleistungen gehören, wenn sie im Leistungskatalog der Pflegeversicherung aufgeführt sind und der Behinderten-Pauschbetrag nicht geltend gemacht wird (Rn. 12, 13, 32, 33)	alle anderen Friseurleistungen	×	
Fußbodenheizung	Kosten der Wartung, Spülung, Reparatur und des nachträglichen Einbaus	Materialkosten		×
Gärtner	Kosten der Maßnahmen innerhalb des Haushalts	Kosten der Maßnahmen außerhalb des Haushalts	Abgrenzung im Einzelfall	Abgrenzung im Einzelfall

Maßnahme	Begünstigt	Nicht begünstigt	Haushaltsnahe Dienstleistung	Handwerker-leistung
Gartengestaltung	Arbeitskosten	• Kosten der erstmaligen Anlage im Rahmen einer Neubau-maßnahme (Rn. 21) sowie • Materialkos-ten		×
Gartenpflege-arbeiten (z. B. Rasen mähen, Hecken schnei-den)	Kosten der Maßnahmen innerhalb des Haushalts einschließlich Grünschnit-tentsorgung als Nebenleistung	Kosten der Maßnahmen außerhalb des Haushalts	×	
Gemeinschafts-maschinen bei Mietern (z. B. Waschmaschine, Trockner)	Kosten der Re-paratur und der Wartung	Miete		×
Gewerbeabfal-lentsorgung		×		
Grabpflege		×		
Graffitibeseiti-gung	×			×
Gutachtertätig-keiten	Abgrenzung im Einzelfall (Rn. 20)	Abgrenzung im Einzelfall (Rn. 20)		×

Maßnahme	**Begünstigt**	**Nicht begünstigt**	**Haushaltsnahe Dienstleistung**	**Handwerkerleistung**
Hand- und Fußpflege	*nur* soweit sie zu den Pflege- und Betreuungsleistungen gehören, wenn sie im Leistungskatalog der Pflegeversicherung aufgeführt sind und der Behinderten-Pauschbetrag nicht geltend gemacht wird (Rn. 12, 13, 32, 33)	alle anderen Kosten	×	
Hausanschlüsse an Ver- und Entsorgungsnetze (Rn. 22)	z. B. Arbeitskosten für den Anschluss an das Trink- und Abwassernetz, die stromführenden Leitungen im Haus oder für das Ermöglichen der Nutzung des Fernsehens und des Internets sowie die Kosten der Weiterführung der Anschlüsse, jeweils innerhalb des Haushalts	• Kosten der erstmaligen Anschlüsse im Rahmen einer Neubaumaßnahme (Rn. 21) und • die Kosten der Maßnahmen außerhalb des Haushalts sowie • Materialkosten		×
Hausarbeiten wie Reinigen, Fensterputzen, Bügeln usw. (Rn. 5)	×		×	

Maßnahme	Begünstigt	Nicht begünstigt	Haushaltsnahe Dienstleistung	Handwerker-leistung
Haushaltsauflösung		×		
Hausmeister, Hauswart	×		×	
Hausnotrufsystem	Kosten innerhalb des sog. »Betreuten Wohnens« im Rahmen einer Seniorenwohn-einrichtung	Kosten für Hausnotrufsysteme außerhalb des sog. »Betreuten Wohnens« im Rahmen einer Seniorenwohn-einrichtung	×	
Hausreinigung	×		×	
Hausschwamm-beseitigung	×			×
Hausverwalterkosten oder -gebühren		×		
Heizkosten:				
1. Verbrauch		×		
2. Gerätemiete für Zähler		×		
3. Garantiewartungsgebühren	×			×
4. Heizungs-wartung und Reparatur	×			×
5. Austausch der Zähler nach dem Eichgesetz	×			×
6. Schornstein-feger	×			×

Maßnahme	Begünstigt	Nicht begünstigt	Haushaltsnahe Dienstleistung	Handwerker-leistung
7. Kosten des Ablesedienstes		×		
8. Kosten der Abrechnung an sich		×		
Hilfe im Haushalt (Rn. 14–16) – s. Hausarbeiten				
Insektenschutz-gitter	Kosten der Montage und der Reparatur	Materialkosten		×
Kamineinbau	Arbeitskosten	• Kosten der Errichtung im Rahmen einer Neubau-maßnahme (Rn. 21) sowie • Materialkos-ten		×
Kaminkehrer – s. Schornsteinfeger				
Kellerausbau	Arbeitskosten	• Kosten der Errichtung im Rahmen einer Neubau-maßnahme (Rn. 21) sowie • Materialkos-ten		×
Kellerschachtab-deckungen	Kosten der Montage und der Reparatur	Material		×
Kfz. – s. Repa-ratur		×		

Maßnahme	Begünstigt	Nicht begünstigt	Haushaltsnahe Dienstleistung	Handwerkerleistung
Kinderbetreuungskosten	soweit sie nicht unter § 10 Abs. 1 Nr. 5 EStG fallen und für eine Leistung im Haushalt des Steuerpflichtigen anfallen	im Sinne von § 10 Abs. 1 Nr. 5 EStG (Rn. 34)	×	
Klavierstimmer	×			×
Kleidungs- und Wäschepflege und -reinigung	Kosten der Maßnahmen innerhalb des Haushalts	Kosten der Maßnahmen außerhalb des Haushalts (Rn. 39)	×	
Kontrollmaßnahmen des TÜV, z. B. für den Fahrstuhl oder den Treppenlift	x (Rn. 20)			×
Kosmetikleistungen	*nur* soweit sie zu den Pflege- und Betreuungsleistungen gehören, wenn sie im Leistungskatalog der Pflegeversicherung aufgeführt sind und der Behinderten-Pauschbetrag nicht geltend gemacht wird (Rn. 12, 13, 32, 33)	alle anderen	×	
Laubentfernung	Kosten der Maßnahmen innerhalb des Haushalts	Kosten der Maßnahmen außerhalb des Haushalts	×	

Maßnahme	**Begünstigt**	**Nicht begünstigt**	**Haushaltsnahe Dienstleistung**	**Handwerker-leistung**
Legionellenprüfung	x (Rn. 20)			×
Leibwächter		×		
Makler		×		
Material und sonstige im Zusammenhang mit der Leistung gelieferten Waren einschl. darauf entfallende Umsatzsteuer		z. B. Farbe, Fliesen, Pflastersteine, Mörtel, Sand, Tapeten, Teppichboden und andere Fußbodenbeläge, Waren, Stützstrümpfe usw. (Rn. 39)		
Mauerwerksanierung	×			×
Miete von Verbrauchszählern (Strom, Gas, Wasser, Heizung usw.)		×		
Modernisierungsmaßnahmen (z. B. Erneuerung des Badezimmers oder der Küche)	x (Rn. 39)	• Kosten der Maßnahmen außerhalb des Haushalts sowie • Materialkosten		×
Montageleistungen im Haushalt z. B. beim Erwerb neuer Möbel	×			×
Müllabfuhr (Entsorgung steht im Vordergrund)		×		

Maßnahme	Begünstigt	Nicht begünstigt	Haushaltsnahe Dienstleistung	Handwerker-leistung
Müllentsorgungsanlage (Müllschlucker)	Kosten der Wartung und der Reparatur			×
Müllschränke	Kosten der Anlieferung und der Aufstellen	Materialkosten		×
Nebenpflichten der Haushaltshilfe wie kleine Botengänge oder Begleitung von Kindern, kranken, alten oder pflegebedürftigten Personen bei Einkäufen oder zum Arztbesuch	×		×	
Neubaumaßnahmen		× (Rn. 21)		
Notbereitschaft/ Notfalldienste	soweit es sich um eine nicht gesondert berechnete Nebenleistung z. B. im Rahmen eines Wartungsvertrages handelt	alle anderen reinen Bereitschaftsdienste	×	
Öffentlich-rechtlicher Erschließungsbeitrag		×		
Öffentlich-rechtlicher Straßenausbaubeitrag/-rückbaubeitrag		×		

Maßnahme	Begünstigt	Nicht begünstigt	Haushaltsnahe Dienstleistung	Handwerker-leistung
Pflasterarbeiten	Kosten der Maßnahmen innerhalb des Haushalts	• Materialkosten sowie • alle Maßnahmen außerhalb des Haushalts		×
Pflegebett		×		
Pflege der Außenanlagen	Kosten der Maßnahmen innerhalb des Haushalts	Kosten der Maßnahmen außerhalb des Haushalts	×	
Pilzbekämpfung	×			×
Prüfdienste/Prüfleistung (z. B. bei Aufzügen)	x (Rn. 20)			×
Rechtsberatung		×		
Reinigung des Haushalts	×		×	
Reparatur, Pflege und Wartung				
1. von Bodenbelägen (z. B. Teppichboden, Parkett, Fliesen)	×		Pflege	Reparatur und Wartung
2. von Fenstern und Türen (innen und außen)	× (Rn. 39)		Pflege	Reparatur und Wartung
3. von Gegenständen im Haushalt des Steuerpflichtigen (z. B. Waschmaschine, Geschirrspüler, Herd, Fernseher, PC u. a.)	soweit es sich um Gegenstände handelt, die in der Hausrat-versicherung mitversichert werden können (Rn. 39)	Kosten der Maßnahmen außerhalb des Haushalts	Pflege im Haushalt	Reparatur und Wartung im Haushalt

Maßnahme	Begünstigt	Nicht begünstigt	Haushaltsnahe Dienstleistung	Handwerker-leistung
4. von Heizungs-anlagen, Elektro-, Gas- und Wasserinstallationen	Kosten der Maßnahmen innerhalb des Haushalts	Kosten der Maßnahmen außerhalb des Haushalts		×
5. von Kraftfahrzeugen (einschl. TÜV-Gebühren)		×		
6. von Wandschränken	×			×
Schadens-feststellung, Ursachenfeststellung (z. B. bei Wasserschaden, Rohrbruch usw.)	×			×
Schadstoffsanierung	×			×
Schädlings- und Ungezieferbekämpfung	×		Abgrenzung im Einzelfall	Abgrenzung im Einzelfall
Schornsteinfeger	×			×
Sekretär; hierunter fallen auch Dienstleistungen in Form von Büroarbeiten (z. B. Ablageorganisation, Erledigung von Behördengängen, Stellen von Anträgen bei Versicherungen und Banken usw.)		×		

Maßnahme	Begünstigt	Nicht begünstigt	Haushaltsnahe Dienstleistung	Handwerkerleistung
Sperrmüllabfuhr		×		
Statiker		×		
Straßenreinigung	bei Straßenreinigungspflicht des Steuerpflichtigen	Öffentlich-rechtliche Straßenreinigungsgebühren	×	
Tagesmutter bei Betreuung im Haushalt des Steuerpflichtigen	soweit es sich bei den Aufwendungen nicht um Kinderbetreuungskosten (Rn. 34) handelt	Kinderbetreuungskosten (Rn. 34)	X	
Taubenabwehr	×		Abgrenzung im Einzelfall	Abgrenzung im Einzelfall
Technische Prüfdienste (z. B. bei Aufzügen)	x (Rn. 20)			×
Terrassenüberdachung	Arbeitskosten	• Kosten der Errichtung im Rahmen einer Neubaumaßnahme (Rn. 21) sowie • Materialkosten		×
Tierbetreuungs- oder -pflegekosten	Kosten der Maßnahmen innerhalb des Haushalts (z. B. Fellpflege, Ausführen, Reinigungsarbeiten)	Kosten der Maßnahmen außerhalb des Haushalts (z. B. Tierpensionen)	×	
Trockeneisreinigung	×			×

Maßnahme	Begünstigt	Nicht begünstigt	Haushaltsnahe Dienstleistung	Handwerker-leistung
Trockenlegung von Mauerwerk	Kosten der Maßnahmen innerhalb des Haushalts (Arbeiten mit Maschinen vor Ort)	Kosten, die durch die ausschließ-liche Maschi-nenanmietung entstehen		×
Überprüfung von Anlagen (z. B. Gebühr für den Schornsteinfe-ger oder für die Kontrolle von Blitzschutzan-lagen)	x (Rn. 20)			X
Umzäunung, Stützmauer o. Ä.	Arbeitskosten für Maßnahmen innerhalb des Haushalts	• Kosten der Maßnahmen außerhalb des Haushalts oder • Kosten der Errichtung im Rahmen einer Neubau-maßnahme (Rn. 21) sowie • Materialkos-ten		×
Umzugsdienst-leitungen	für Privatperso-nen (Rn. 3, 31)		Abgrenzung im Einzelfall	Abgrenzung im Einzelfall
Verarbeitung von Verbrauchsgü-tern im Haushalt des Steuerpflich-tigen	×		×	

Maßnahme	**Begünstigt**	**Nicht begünstigt**	**Haushaltsnahe Dienstleistung**	**Handwerker-leistung**
Verbrauchs-mittel wie z. B. Schmier-, Reinigungs- oder Spülmittel sowie Streugut	×		als Nebenleis-tung (Rn. 39) – Abgrenzung im Einzelfall	als Nebenleis-tung (Rn. 39) – Abgrenzung im Einzelfall
Verwaltergebühr		×		
Wachdienst	Kosten der Maßnahmen innerhalb des Haushalts	Kosten der Maßnahmen außerhalb des Haushalts	×	
Wärmedämm-maßnahmen	×			
Wartung:				
1. Aufzug	×			×
1. Heizung und Öltankanlagen (einschließlich Tankreinigung)	×			×
1. Feuerlöscher	×			×
1. CO_2-Warn-geräte	×			×
1. Pumpen	×			×
1. Abwasser-Rückstau-Sicherungen	×			×
Wasserscha-densanierung	×	soweit Versiche-rungsleistung		×
Wasserversor-gung	Kosten der Wartung und der Reparatur			×
Wertermittlung		x (Rn. 20)		

Maßnahme	Begünstigt	Nicht begünstigt	Haushaltsnahe Dienstleistung	Handwerker-leistung
Winterdienst	Kosten der Maßnahmen innerhalb des Haushalts	Kosten der Maßnahmen außerhalb des Haushalts	×	
Zubereitung von Mahlzeiten im Haushalt des Steuerpflichtigen	×		×	

Muster für eine Bescheinigung
(zu Rn. 26)

(Name und Anschrift des Verwalters/Vermieters)

(Name und Anschrift des Eigentümers/Mieters)

Anlage zur Jahresabrechnung für das Wirtschaftsjahr:

Ggf. Datum der Beschlussfassung der Jahresabrechnung:

In der Jahresabrechnung für das nachfolgende Objekt

(Ort, Straße, Hausnummer und ggf. genaue Lage der Wohnung)

sind Ausgaben im Sinne des § 35a Einkommensteuergesetz (EStG) enthalten, die wie folgt zu verteilen sind:

A) Aufwendungen für sozialversicherungspflichtige Beschäftigungen
(§ 35a Abs. 2 Satz 1 Alternative 1 EStG)

Bezeichnung	**Gesamtbetrag (EUR)**	**Anteil des Miteigentümers/des Mieters**

B) Aufwendungen für die Inanspruchnahme von haushaltsnahen Dienstleistungen
(§ 35a Abs. 2 Satz 1 Alternative 2 EStG

Bezeichnung	**Gesamtbetrag (EUR)**	**nicht zu berücksichtigende Materialkosten (EUR)**	**Aufwendungen bzw. Arbeitskosten (Rn. 39, 40) (EUR)**	**Anteil des Miteigentümers/des Mieters**

C) Aufwendungen für die Inanspruchnahme von Handwerkerleistungen für Renovierungs-, Erhaltungs- und Modernisierungsmaßnahmen
(§ 35a Abs. 3 EStG)

Bezeichnung	**Gesamtbetrag (EUR)**	**nicht zu berücksichtigende Materialkosten (EUR)**	**Aufwendungen bzw. Arbeitskosten (Rn. 39, 40) (EUR)**	**Anteil des Miteigentümers/des Mieters**

7 Technische Verwaltung

Zur ordnungsgemäßen Verwaltung gehört die Instandhaltung und Instandsetzung eines Mietobjekts. Sofern es sich bei dem Objekt um eine WEG-Anlage handelt, müssen Sie Mängel im Allgemeineigentum (z. B. Dach, Aufzug) nur dem WEG-Verwalter melden. Er ist verpflichtet, die Mängel beheben zu lassen.

7.1 Instandhaltung

Instandhaltungsmaßnahmen sind Maßnahmen, durch die die Funktionsfähigkeit einzelner Teile einer Liegenschaft oder der Liegenschaft insgesamt erhalten bleibt.

Beispiel

!

Eine Heizung wird jährlich gewartet. Damit gehört das Warten der Heizung zur Instandhaltung. Die entsprechenden Kosten sind daher auf den Mieter umlegbar.

7.2 Instandsetzung

Unter Instandsetzung versteht man die Behebung baulicher Mängel (z. B. infolge von Witterungseinflüssen, Alterung, Abnutzung, nicht sachgerechter Nutzung) zur Wiederherstellung des bestimmungsgemäßen Gebrauchs. Allzu oft ergeben sich allerdings auch umfangreiche Instandsetzungsarbeiten durch unterlassene Instandhaltungsarbeiten. Aufgestauter Bedarf führt später fast ausnahmslos zu höheren Instandsetzungskosten. Deshalb müssen Instandhaltungen und eventuelle Instandsetzungsarbeiten unter Einbeziehung der Lebensdauer der einzelnen Bauteile sorgfältig geplant werden. Eine Voraussetzung dafür ist eine regelmäßige Begehung des Objekts und der Wohnungen. Hilfreich für Sie ist auch die Zusammenarbeit mit einem handwerklich versierten Hausmeister, der schon im Vorfeld kleinere Instandhaltungsmaßnahmen meldet und auch während der Begehungen dabei sein sollte, denn vier Augen sehen mehr als zwei.

Checkliste: Begehung

ARBEITS-
HILFE
ONLINE

Bei den Arbeitshilfen online finden Sie eine Checkliste zur Begehung als Download.

Bei der Begehung sind sämtliche Gewerke, Verkehrsbereiche und der Außenbereich zu überprüfen. Es handelt sich hierbei weitgehend um:

Gewerke

- Fassade
  Hier überprüfen Sie z. B.
  - den Klinker auf Abstoßungen oder Eindringen von Feuchtigkeit,
  - den Putz/Mörtel, ob er noch vollständig vorhanden ist, damit es nicht zu Feuchtigkeitsschäden kommt,
  - ob das Haus wärmegedämmt ist,
  - den Anstrich, ob er wieder erneuert werden sollte.
- Dach
  Bei Ihrer Begehung des Dachs prüfen Sie z. B.
  - die Ziegel, ob sie verrutscht sind oder fehlen,
  - ob der Schiefer in Ordnung ist,
  - alle Bleche, ob sie noch befestigt sind,
  - die Attika (eine über dem Sims befindliche Aufmauerung, Abschlusswand oder Blech, reicht über den Dachrand hinaus), ob sie noch befestigt ist,
  - den Schornstein auf Standfestigkeit und Dichtigkeit,
  - den Dachstuhl (meist aus Holz, ist der tragende Teil eines Dachs) z. B. auf Feuchtigkeit oder Beschädigungen,
  - die Dachrinne auf Lochfraß und ob sie eventuell verstopft ist,
  - das Fallrohr auf Löcher,
  - die Rohrmanschetten, ob sie noch ineinander stecken.

Technische Anlagen

- Die Aufzugsmaschinenräume sind einer Sichtkontrolle zu unterziehen.
- Die Heizungsanlage ist einer Sichtkontrolle zu unterziehen – ist z. B. genügend Wasser eingefüllt, sind alle Rohre intakt und wärmegedämmt laut Energieeinsparverordnung (EnEV).
- Der Öltank ist auf Rost bzw. auslaufendes Öl zu untersuchen.

Wohnungen

Hier sind zu prüfen:

- die sanitären Einrichtungen in den Wohnungen, z. B. ob die Silikonabdichtungen undicht oder verspoort sind,
- die Heizkörper in den Wohnungen, ob sie z. B. Roststellen aufweisen,

- sämtliche Wasserrohre, ob sie z. B. verrostet sind oder aus Löchern bereits Wasser tropft,
- sämtliche Verglasungen, Griffe, Dichtungen, Scharniere, Rollläden mit Rollladenkästen,
- die Fenster, ob z. B. der Innen- und/oder Außenanstrich in Ordnung ist, ob Holzrahmen u. U. verfault sind und ob es durch die Fenster zu Zugluft kommen kann,
- die Türen, ob z. B. die Zargen oder das Türblatt beschädigt sind oder ob der Anstrich noch in Ordnung ist.

Außenbereich

Bitte überprüfen Sie z. B.

- den Zustand von Garagen und Rolltoren bei Tiefgaragen (Funktioniert z. B. die Lichtschranke beim Rolltor einwandfrei?),
- Gartentore auf ihre Sicherheit,
- Zugangs- und Fahrtwege z. B. auf Stolperfallen,
- den Baumbestand (Ist er von Insekten befallen? Lassen Sie turnusmäßig die Standsicherheit überprüfen. Das sollte gem. der FLL-Baumkontrollrichtlinie mindestens zweimal im Jahr geschehen).

Spielplätze

Wussten Sie, dass Spielplätze regelmäßig geprüft werden müssen? Leider kommt es immer wieder zu Unfällen mit Todesfolge, weil sich die Spielgeräte nicht mehr im ordnungsgemäßen Zustand befinden. So kann z. B. kaum festgestellt werden, ob Holzspielgeräte wie z. B. Klettergerüste von innen verfault sind. Hier ist es schon zu Todesfällen gekommen, weil Kinder beim Einsturz von Geräten erschlagen wurden. In einem solchen Fall sind Sie in der Haftung.

Je nach Spielplatznutzung oder Angaben der Spielgerätehersteller sollte zusätzlich eine operative Inspektion und visuelle Prüfung durchgeführt werden. Bitte lassen Sie den Spielplatz deshalb einmal im Jahr von DEKRA, TÜV o. Ä. prüfen.

Tipp !

Sofern es sich um Leistungen handelt, die – wie z. B. beim Abschluss eines Überprüfungsvertrags – immer wiederkehren, können die Kosten auf den Mieter umgelegt werden.

Verkehrsbereiche

Hier sollten Sie prüfen:

- die Fußböden und Treppen auf Stolperfallen, z. B. durch Absplitterungen,
- die Handläufe, ob sie z. B. noch fest verankert sind,
- Glasflächen- und Türen, ob keine Beschädigungen vorliegen, die zu Verletzungen führen könnten,
- Türscharniere, insb. wenn es sich um rauch- und feuerhemmende Türen (FH-Türen) handelt,
- die Rettungswege, z. B. ob sie ordnungsgemäß beschildert und beleuchtet sind,
- die Feuerlöscher, sofern sie vorhanden und wann sie wieder gewartet werden müssen (alle zwei Jahre).

Elektrische Anlagen

Bei vermieteten Objekten sind Sie verpflichtet, eine Prüfung der elektrischen Anlagen durchführen zu lassen. Zurzeit bestehen hierbei jedoch – aufgrund der im Grundgesetz verankerten Unantastbarkeit der Wohnung – juristische Unklarheiten. Die elektrischen Anlagen sollten auf jeden Fall vor dem Ein- oder Auszug eines Mieters durch einen Fachelektriker überprüft werden.

Stationäre Anlagen (auch im Außenbereich)

In stationären Anlagen sind die Fehlstromschutzschalter (FI-Schalter bzw. RCD-Schalter) alle sechs Monate durch den Benutzer mithilfe der Prüftaste hinsichtlich ihrer Funktion zu testen.

Metallzäune/Gitter im Außenbereich

Metallzäune und -gitter im Außenbereich müssen ausreichend geerdet sein, um indirekten Überschlag oder Berührungsspannung bei einem Blitzeinschlag zu vermeiden. In Deutschland entstehen jährlich Millionen von Blitzen.

Ich möchte Sie mit meinen Auflistungen – nicht umfassenden Aufzählungen – dafür sensibilisieren, Ihre Pflichten im Rahmen der allgemeinen Verkehrssicherungspflicht nicht auf »die leichte Schulter« zu nehmen. Hier geraten Sie sehr schnell in die Haftung. Kommen Sie deshalb Ihrer Sorgfaltspflicht nach. Sie müssen dafür keine Fachkenntnisse besitzen und können sich natürlich auch eines Gutachters bedienen, der die Gewerke prüft. Ansonsten kann es Ihnen passieren, dass z. B. Ihre Brandversicherung bei einem Feuer versucht, eine Lücke zu finden, um nicht zahlen zu müssen.

Hinsichtlich der anfallenden Gutachterkosten sollten Sie sich allerdings mit Ihrem Kunden, dem Vermieter, besprechen.

Doch nicht nur das Gebäude und die allgemeinen Verkehrsflächen müssen überprüft werden. Das gilt auch für Wohnungen – auch für vermietete Wohnungen.

Achtung

Auch wenn im Formularmietvertrag geregelt ist, dass Sie die Wohnung besichtigen können, gilt das nur, wenn Sie einen nachvollziehbaren Grund dafür haben. Ansonsten dürfen Sie selbst dann die Wohnung nicht besichtigen, wenn Sie das letzte Mal vor zehn Jahren in der Wohnung waren. Zwingend ist eine schriftliche Terminvereinbarung zu einer üblichen Tageszeit. Weiterhin ist der genaue Grund anzugeben (z. B. Besichtigung mit einem Mietinteressenten, Vermessen der Räume durch einen Sachverständigen, Handwerkerleistungen innerhalb der Wohnung etc.).
Um rechtlich auf der sicheren Seite zu sein, geben Sie bitte auch noch an, wer die Wohnung begehen wird und die voraussichtliche Dauer.

ARBEITSHILFE ONLINE

Empfohlene Prüfintervalle von elektrischen Einrichtungen und anderen Gegenständen

Technische Anlage/Einrichtung	Empfohlene Prüffrist
Elektrische Anlagen zur Aufrechterhaltung des Betriebs	1 Jahr
Elektrische Anlagen und ortsfeste elektrische Betriebsmittel: Prüfung auf ordnungsgemäßen Zustand	4 Jahre
Funktionsprüfung/Fehlerstromschutzschalte – stationäre Anlage	6 Monate
Sicherheitsbeleuchtung und Sicherheitsstromversorgung	1 Jahr
Lüftungstechnische Anlagen	2 Jahre
Tragbare Feuerlöscher	2 Jahre
Ortsfeste, selbstständige Feuerlöschanlagen	1 Jahr
Brandmeldeanlagen, Alarmierungseinrichtungen	1 Jahr
Kraftbetätigte Tore und Türen	1 Jahr

7.3 Schadensfeststellung

Gehen Sie bitte bei Instandhaltungs- und Instandsetzungsmaßnahmen nach dem folgenden Schema vor:

- Zunächst stellen Sie bitte die Schäden fest und protokollieren sie. Wenn möglich, erstellen Sie Fotos davon.
- Als Nächstes ermitteln Sie die Ursachen. Vielleicht wurde der Schaden durch den Mieter selbst verursacht, sodass er für die Behebung und die dadurch entstehenden Kosten zuständig ist.
- Ansonsten lassen Sie die Schäden fachgerecht beheben. Berücksichtigen Sie hier die Prioritäten gem. der jeweiligen Schadenintensivität.
- Weiterhin ist von vorneherein die Lebensdauer der einzelnen Bauteile zu beachten, um Fristenpläne aufstellen zu können.

7.4 Schimmel in Wohnungen

Immer wieder werden wir von unseren Mietern bzgl. Schimmel in ihren Wohnungen angesprochen. Sie meinen, die Ursache läge am Gebäude. Wir vertreten jedoch oft die Ansicht, es läge am Lüftungsverhalten der Mieter.

Wachstum des Schimmelpilzes

Damit die verschiedenen Arten von Schimmelpilzen (ca. 200 unterschiedliche Arten sind in der Innenraumluft möglich) wachsen können, benötigen sie eine ausreichende Feuchte. Unter idealen Bedingungen können bestimmte Pilzarten ab etwa 70 bis 80 Prozent relative Luftfeuchtigkeit wachsen. Sie benötigen weiterhin häufig nur die üblichen Verschmutzungen auf Bauteiloberflächen und Temperaturen zwischen 10 bis 35 °C.

Der Schimmelpilz bevorzugt ein leicht saures Milieu mit einem pH-Wert zwischen 4,5 bis 6,5.

Zu für den Schimmel günstigen Bedingungen können führen:

- Behinderung der Luftzirkulation und Strahlungsübertragung:
  - tiefe Fensterlaibung,
  - Vorhänge,
  - Pflanzen,
  - hinter Schränken,

- hohe Belastung durch Feuchtquellen (z. B. Kochen, Waschen, Trocknen von Wäsche),
- unzureichende Lüftung (Fenster nicht auf »Kipp« lüften, sondern besser Stoßlüften),
- Temperaturabsenkung bei gleichbleibender oder absoluter Luftfeuchte (Nachtabsenkung oder Abschalten der Heizung bei Verlassen der Wohnung),
- Oberflächenverschmutzung durch unzureichende Reinigung.

Allerdings kann es auch durch sog. Wärmebrücken zu Schimmelpilz kommen. Das heißt, dass die Außenwände zu viel Wärme durchlassen, z. B. an Rollladenkästen oder sogar an der ganzen Fassade. Hier ist die innere Temperatur der Wände so niedrig, dass sich die Raumluftfeuchtigkeit niederschlägt.

Auch ein nachträgliches Anbringen von feuchtigkeitsundurchlässiger Innenwandverkleidung (falsches Steinmaterial oder Planungsfehler) trägt zur Schimmelbildung bei.

Die Farbschattierungen des Schimmelpilzes können von grünlich-bläulich über rötlich bis grau, braun oder schwarz reichen.

Durch das Aufstellen von Hydrografen kann Schimmelbildung leicht festgestellt und hinsichtlich ihrer Ursachen untersucht werden. Sollte es am Lüftungs- und Heizverhalten Ihrer Mieter liegen, sollten Sie den Mietern **schriftlich** mitteilen, dass ausreichend geheizt und gelüftet werden muss.

Heizverhalten

- Schlafzimmer nicht unter 16°C, sofern die Fenster nicht für die ganze Nacht geöffnet sind.
- Ungenutzte Räume sollten immer geringfügig beheizt werden.
- Drosselung nachts oder bei längerer Abwesenheit.

Achtung !

Bei erhöhter Raumluftfeuchte sollte die Raumlufttemperatur nur gesenkt werden, wenn ausreichend gelüftet wird, um die Raumluft zu trocknen.

Richtiges Lüften

- Schlafräume: Sofern gewünscht – nachts das Fenster kippen oder ganz öffnen. Ansonsten morgens eine längere Stoßlüftung mit ganz geöffnetem Fenster durchführen. Stoßlüften heißt, dass alle Fenster (Durchzug) und Türen geöffnet werden.
- Wohnräume: Hier ist ebenfalls regelmäßiges Lüften erforderlich, besonders, wenn z. B. im Wohnzimmer Wäsche getrocknet wird oder wenn dort viele Pflanzen stehen.
- Badezimmer/Küche: Im Bad muss nach dem Baden oder Duschen das Wasser von den Wänden und Böden entfernt werden. Zudem ist intensiv zu lüften, und zwar mit weit geöffnetem Fenster. Sehr schnell kann sich Schimmel auf Duschvorhängen bilden. Duschkabinen sind deshalb die bessere Alternative. Der Mieter hat die Badezimmertür zu schließen, weil sich ansonsten die Feuchtigkeit in der Wohnung verteilt, es sei denn, im Bad befinden sich weder ein Fenster noch ein Lüfter.

7.5 Angebotseinholung

Nachdem Sie die Mängel festgestellt haben, sollten Sie Vergleichsangebote von Handwerkern einholen, damit Sie den finanziellen Aufwand berechnen können. Informieren Sie den Eigentümer und beziehen Sie ihn in die Entscheidung mit ein.

Bei kleineren Reparaturen erfolgt in der Regel die Beauftragung der Handwerkerfirma ohne Einholung von Angeboten. Oft verfügen Verwaltungen über einen Stamm von Handwerkern für kleinere Reparaturen.

Achten Sie bitte beim Vergleichen von Angeboten darauf, dass gleiche Materialien und Ausführungen angeboten werden. Außerdem spielt es eine Rolle, wie lange die Firma bereits tätig ist, wie weit sie vom Objekt entfernt ist und ob sie auch einen Notfallservice anbietet – das ist insb. bei der Vergabe von Wartungsverträgen zu beachten.

Treffen Sie sich mit den einzelnen Firmen vor Ort, bilden Sie sich Ihre Meinung über die Kompetenz der Unternehmen und vergleichen Sie die Lösungsvorschläge miteinander.

Bei einem Reparaturstau oder größeren Bauvorhaben sollten Sie Architekten, Fachingenieure oder Sachverständige hinzuziehen und einen Bauleiter mit der Bauleitung beauftragen. Lassen Sie sich das durch den Eigentümer vorher genehmigen.

7.6 Auftragsvergabe

Bei der Auftragsvergabe bestehen mehrere Möglichkeiten der Preisgestaltung:

- **Stundenlohnvertrag**
  Beim Stundenlohnvertrag werden die zu verwendenden Materialien genau nach Art, Güte und Stückzahl benannt. Weiterhin werden die zu erwartenden Arbeitsstunden angegeben. Die tatsächlichen Stunden werden in den Arbeitsstundennachweis (Stundenlohnzettel) eingetragen, dessen Richtigkeit von Ihnen oder einem Bevollmächtigten, z. B. dem Hausmeister, durch Unterschrift bestätigt wird. Allerdings besteht hier die Gefahr, dass weder Sie noch ein Bevollmächtigter die Arbeiten und damit den Zeitaufwand permanent kontrollieren können. Damit besteht für eine unseriöse Handwerkerfirma die Möglichkeit, eine höhere Stundenzahl als die tatsächlich geleistete, abzurechnen.
- **Festpreisvertrag**
  Bei der Vereinbarung eines Festpreises in Form einer Pauschale können Mehrpreise nur durch eine Nachtragsvergabe geltend gemacht werden. Für Fehlkalkulationen zum Nachteil des Handwerkers haftet auch der Handwerker selbst. Allerdings besteht bei der Festpreisvergabe die Gefahr, dass durch eine Erhöhung des Arbeitstempos oder durch den Einsatz von fachlich nicht genügend ausgebildetem Personal die Qualität der abgelieferten Arbeit leidet.
- **Einheitspreisvertrag**
  Beim Einheitspreisvertrag werden Stück-, Quadratmeter – oder Kubikmeterpreise für die auszuführenden Leistungen festgeschrieben. Die tatsächlich erbrachten Leistungen werden in der Schlussrechnung berechnet.

7.7 Benachrichtigung der Mieter über anfallende Arbeiten

Vergessen Sie nicht, Ihre Mieter rechtzeitig über die Art, den Beginn und die Dauer der anfallenden Arbeiten zu informieren. Weisen Sie bei der Stellung eines Gerüstes ggf. darauf hin, dass der Mieter seine Hausratversicherung informieren sollte, weil sie wegen der erhöhten Einbruchsgefahr ansonsten im Schadensfall nicht zahlt.

7.8 Überwachung der Arbeiten

Bei größeren Aufträgen ist es zweckmäßig, die Arbeiten zu überwachen. Hierbei wird von Ihnen als Kaufmann nicht erwartet, dass Sie die fachliche Kompetenz eines Architekten besitzen. Jedoch kann von Ihnen verlangt werden, dass Sie die Arbeiten mit der Sorgfältigkeit eines Eigentümers überwachen. Oftmals reicht allein Ihre Anwesenheit während der Durchführung der Arbeiten vor Ort aus, um dem Handwerker das Gefühl zu geben, kontrolliert zu werden.

7.9 Abnahme der Arbeiten

Nach Beendigung der auszuführenden Handwerkerleistungen erfolgt die Abnahme durch den Verwalter. Bei dieser Abnahme wird die gelieferte Leistung kontrolliert. Hierbei festgestellte Mängel werden in einem Mängelprotokoll festgehalten und der Handwerker wird unter Fristsetzung zur Mängelbehebung aufgefordert.

Solange die Arbeiten noch nicht abgenommen wurden, muss bei eventuellen Mängeln der Handwerker nachweisen, dass er sie nicht zu vertreten hat.

Nach der Abnahme kehrt sich die Beweislast um. Dann ist es Ihre Aufgabe, nachzuweisen, dass der Handwerker seine Leistungen mangelhaft ausgeführt hat.

Die folgenden Punkte sind bei der Abnahme zu berücksichtigen:

- Bitte vergleichen Sie die im Angebot aufgeführten Materialien mit den tatsächlich verwendeten Materialien.
- Vergleichen Sie auch die eingebauten Stückzahlen mit den im Angebot angegebenen Mengeneinheiten; sie müssen übereinstimmen.
- Als Nächstes überprüfen Sie bitte die Mängelfreiheit und zuletzt kontrollieren Sie bitte, ob Folgeschäden vorliegen.

!

Beispiel

In einem Haus, das Sie verwalten, werden Fenster eingebaut. Beim Transport eines Fensters durch das Treppenhaus verschrammen die Handwerker die Wände. Der Lieferant ist von Ihnen schriftlich mit einer Fristsetzung zur fachgerechten Behebung aufzufordern. Bis zur Mängelbehebung sollten Sie ein Teil des Rechnungsbetrags einbehalten.

7.10 Rechnungsprüfung

Der Handwerker bzw. Lieferant hat seine Leistungen prüfbar darzustellen und abzurechnen. Beim Vorliegen eines Angebots soll die Abrechnung

- in der Reihenfolge des Angebots und

unter Angabe der Positionsbezeichnung des Angebots erfolgen.

Um die erbrachten Leistungen überprüfen zu können, sind ggf. die erforderlichen Stundenlohnzettel, Aufmaßskizzen, Massenberechnungen u. a. beizufügen.

Geprüft wird der Massensatz. Hier werden z. B. Stückzahlen, Quadratmeter oder Kubikmeter überprüft. Durch örtliche Inaugenscheinnahme können Sie den Leistungsansatz überprüfen. Bitte überprüfen Sie auch den Einheitspreis/Stückpreis, ob er mit dem Angebot übereinstimmt. Letztendlich kontrollieren Sie bitte, ob der Gesamtpreis rechnerisch stimmt.

Zahlbar sind Handwerkerrechnungen in der Regel sofort, ohne Abzug von Skonto.

Bauabzugsbesteuerung
Mit dem Gesetz zur Eindämmung illegaler Betätigung im Baugewerbe (Bauabzugsbesteuerung) vom 30.8.2001 wurde bei Bauleistungen im Inland ein Steuerabzug zur Sicherung von Steueransprüchen eingeführt. Danach haben seit dem 1.1.2002 bestimmte Auftraggeber (Unternehmer im Sinne des Umsatzsteuergesetzes, öffentliche Auftraggeber und private Vermieter, die mehr als zwei Wohnungen vermieten) von Bauleistungen einen Betrag von 15 Prozent der Rechnungssumme einzubehalten und an das Finanzamt des Werkunternehmers abzuführen. Die abgeführten Beiträge werden auf die Steuerschulden des Werkunternehmers angerechnet. Der geringfügigkeitsbegrenzte Auftraggeber muss den Einbehalt nicht vornehmen, wenn die an den jeweiligen Werkunternehmer zu erbringenden Zahlungen im laufenden Kalenderjahr voraussichtlich 5.000 EUR nicht übersteigen. Diese Freigrenze erhöht sich auf 15.000 EUR, wenn der Auftraggeber ausschließlich steuerfreie Vermietungsumsätze aufführt.

Freistellungsbescheinigungen
Wenn der jeweilige Werkunternehmer dem Auftraggeber zum Zeitpunkt der Zahlung eine gültige Freistellungsbescheinigung seines Finanzamts oder eine Kopie derselben übergibt, muss der Auftraggeber keinen Einbehalt tätigen.

7.11 Trinkwasserverordnung

Jede mit der Gewinnung, Verteilung und Verwendung von Trinkwasser befasste Person – auch Rechtsperson – ist an die Beachtung der hierfür eigens geschaffenen Gesetze, Verordnungen und Regelwerke gebunden. Für den Verwalter besteht Handlungsbedarf nach der Trinkwasserverordnung, um Infektionen gem. Infektionsschutzgesetz (IfSG) zu vermeiden, z. B. durch Legionellen. So wird in der Trinkwasserverordnung neuerdings auch die Wasserversorgungsanlage innerhalb von Gebäuden bis zur letzten Entnahmestelle erfasst, deren Überwachung auch zu den Tätigkeiten eines Verwalters gehört. Das Trinkwasser gilt als rein und genusstauglich, wenn die Wassergewinnung, -aufbereitung und ⊠technik den allgemeinen Regeln und den Anforderungen der Trinkwasserverordnung (§§ 5–7) entspricht.

Die Übertragung von Legionellen erfolgt regelmäßig über das Einatmen von legionellenbefallenem Wasser, legionellenbefallener Luft und legionellenbefallenen Aerosolen, z. B. beim Duschen, im Whirlpool etc. Besonders gefährdet sind kranke, alte und immungeschwächte Menschen, Raucher und Alkoholiker. Pro Jahr erkranken ca. 6.000–10.000 Menschen in Deutschland. 1.000 Personen und mehr sterben daran.

Legionellenbedrohung
Legionellen vermehren sich

- bei 25–45 °C
- in Biofilmen und Ablagerungen, z. B. in Trinkwasserrohrsystemen.
- Einige Legionellen vermehren sich bei optimalen Bedingungen im Zeitraum von 48 Stunden bis zu 65.000 Mal. Um zu überleben, benötigen sie Sauerstoff und pH-Werte von 5,5 bis 9,2.

Empfehlung:

- Studium des IfSG und der TrinkwV.
- Überprüfung der verwalteten Einheiten auf relevante Trinkwasserinstallationen (z. B. Wasseraufbereitungsanlagen).

- Strikte Einhaltung der gesetzlichen Bestimmungen.
- Im Zweifel bei den Gesundheitsämtern nachfragen.
- Fachhandwerker hinzuziehen und auffordern, im Zuge der Heizungswartung die Heißwassertemperatur zu überprüfen und ggf. zu regulieren.

Handlungsbedarf bei Kenntnisnahme möglicher Verunreinigungen oder bei Anordnung der zuständigen Behörden

Handlungs-, Melde- und Informationsbedarf:

- Trinkwasseruntersuchung,
- Information an das Gesundheitsamt,
- Information an die Verbraucher,
- Ursachenfeststellung, Mängelbeseitigung.

ARBEITSHILFE ONLINE

Musterbrief: Information an die Bewohner

Sehr geehrte/r Mieter/in,

seit dem 1.1.2003 gelten die Bestimmungen und Verordnungen der neuen Trinkwasserverordnung.

Der Gesetzgeber will mit der Novellierung der Trinkwasserordnung für eine hohe, für den Menschen gut verträgliche und unbedenkliche Wasserqualität sorgen. Die Wasserversorgungsunternehmen haben die Verpflichtung, das Wasser in reiner, den Bestimmungen der Trinkwasserverordnung entsprechender Zusammensetzung in die Liegenschaft zu liefern. Ab der Hauswasseruhr tragen die Eigentümer und Bewohner die Verantwortung für die Wasserqualität selbst. Um diese gesetzlichen Forderungen erfüllen zu können, bittet die Gemeinschaft der Eigentümer um Ihre aktive Mithilfe.

Sie werden gebeten, bei Veränderung der Wasserqualität, beispielsweise durch Veränderung des Geruchs, der Farbe oder des Geschmacks, unverzüglich Ihren Eigentümer oder die Verwaltung zu informieren.

Eine Ausnahme stellt die geschmackliche und farbliche Veränderung des Wassers nach Ortsnetzspülungen dar. Diese Maßnahmen werden vor der Spülung von den jeweiligen Wasserversorgungsunternehmen öffentlich bekannt gegeben. Nach der Spülung kann das Wasser chlorig riechen und schmecken. Dies ist jedoch für den Menschen in der Regel unbedenklich und unschädlich.

Vielen Dank für Ihre Mithilfe.

Mit freundlichen Grüßen

Name der Hausverwaltung

Maßnahmen bei Nichtnutzung der Trinkwasserinstallation

ARBEITS-
HILFE
ONLINE

Dauer der Nichtnutzung	Maßnahmen bei Wiederinbetriebnahme
3 Tage	• Öffnen aller Entnahmestellen. • Vollständigen Wasseraustausch vornehmen.
4 Wochen Schließen der Stockwerksabsperrhähne	• Öffnen aller Absperrhähne. • Öffnen aller Entnahmestellen. • Vollständigen Wasseraustausch vornehmen.
6 Monate Schließen der Stockwerksabsperrhähne	• Öffnen aller Absperrhähne. • Öffnen aller Entnahmestellen. • Vollständigen Wasseraustausch vornehmen. • Empfehlung: • Entnahme von Wasserproben im abgesperrten Bereich. • Mikrobiologische Kontrolluntersuchung vornehmen lassen. • Ggf. Spül- oder Desinfektionsmaßnahmen durchführen lassen.

Verstöße gegen die Trinkwasserverordnung
Verstöße gegen die Trinkwasserverordnung werden rechtlich verfolgt und in schweren Fällen der Ordnungswidrigkeit mit Geldstrafen von bis zu 25.000 EUR belegt und bei sehr schweren Fällen im Zuge des vorsätzlichen Verstoßes, mit wissentlicher Verbreitung von Krankheitserregern, mit Freiheitsentzug bis zu fünf Jahren geahndet.

Novellierung der Trinkwasserverordnung seit 1.11.2011

- Untersuchungspflicht gem. § 14 Trinkwasserverordnung.
- Gemäß § 13 Abs. 5 muss der Bestand von Großanlagen mit mehr als 400 Litern Inhalt zur Trinkwassererwärmung oder Warmwasserleitungen mit mehr als 3 Litern zwischen Trinkwassererwärmer und Entnahmestelle unverzüglich dem Gesundheitsamt angezeigt werden.
- Die erstmalige Inbetriebnahme, die Wiederinbetriebnahme, eine bauliche oder betriebstechnische Veränderung, die sich auf die Trinkwasserbeschaffenheiten wesentlich auswirken kann, ist dem Gesundheitsamt mindestens innerhalb von vier Wochen im Voraus schriftlich anzuzeigen.
- Falls eine Anlage stillgelegt wird, muss die Stilllegung innerhalb von vier Tagen angezeigt werden.

- Führen eines Betriebsbuchs bzgl. der Inspektionsmaßnahmen und ihrer Dokumentationen.
- Jährliche Inspektion des Trinkwassererwärmers.
- Wenn nötig, Reinigung und Entkalkung alle zwei Jahre.
- Jährliche Kontrolle der hydraulischen Einregulierungen.
- Jährliche hygienische/mikrobiologische Untersuchung auf Legionellen gem. DVGW, Arbeitsblatt W551, an mehreren repräsentativen Probeentnahmestellen. Die Kosten hierfür sollen umlagefähig werden.
- Monatliche Temperaturinspektion.
- Die Aufbewahrungsfrist der Aufzeichnungen beträgt zehn Jahre! Eine Kopie muss innerhalb von zwei Wochen nach Abschluss der Untersuchung an das Gesundheitsamt geschickt werden.
- Wer zur Durchführung der Untersuchung befugt ist, ist aus einer Liste der zuständigen obersten Landesbehörden zu erfahren.
- Gemäß § 16 sind Vermieter von Mehrfamilienhäusern verpflichtet, bei Nichteinhaltung von Grenzwerten oder Mindestanforderungen diese dem Gesundheitsamt anzuzeigen.
- Gemäß § 16 Abs. 4 müssen Aufbereitungsstoffe, sofern sie verwendet werden, mit Konzentrationsangabe wöchentlich aufgezeichnet werden.
- Empfehlung: Die Aufzeichnungen müssen sechs Monate für die Mieter zugänglich bereitgehalten werden. Der Beginn der Zugabe des Aufbereitungsstoffs muss den Mietern durch einen Aushang an einer geeigneten Stelle innerhalb der Liegenschaft bekannt gegeben werden.
- Gemäß § 21 muss jährlich aktuelles und geeignetes Infomaterial über die Qualität des Trinkwassers auf der Grundlage der jährlichen Untersuchung bekannt gegeben werden.
- Seit dem 1.12.2013 müssen die Mieter informiert werden, falls noch Bleileitungen in der Trinkwasserverteilungsanlage existieren.

7.12 Energieeinsparverordnung

Zielsetzung

Seit dem 1.2.2002 gilt die Energieeinsparverordnung, die die Wärmeschutz- und die Heizungsanlagenverordnung zusammenfasst. Sie gilt nicht nur für Neubauten, sondern auch für bereits bestehende Gebäude. Ihre Umsetzung führt zu einer positiven Energiebilanz in den Bereichen

- Verringerung des Transmissionswärmeverlusts,
- Verringerung der Lüftungswärmeverluste,
- Einsatz energiesparender Anlagentechnik.

Nachrüstpflichten

Vorgeschriebene Nachrüstpflichten für Bestandsimmobilien, die in der Regel bis zum 31.12.2006 gem. EnEV zu erfüllen waren:

- Nicht begehbare Geschossdecken, die aber zugänglich sind, müssen mit einer Wärmedämmung versehen werden, die einer Dämmstärke von ca. 10–12 cm entspricht.
- Heizungs- oder Warmwasserrohre, die zugänglich, aber nicht gedämmt sind, müssen gedämmt werden.
- Heizkessel, die mit Gas oder Öl betrieben werden und eine Heizleistung zwischen 4 und 400 kW liefern und vor dem 1.10.1978 eingebaut wurden, sind in der Regel auszutauschen.

7.12.1 EnEV – Novelle der Energiesparverordnung mit den wesentlichen Neuerungen für Bestandsimmobilien

Seit 2014 ist die Angabe energetischer Kennwerte in Immobilienanzeigen bei Vermietung und Verkauf Pflicht.

- Dazu gehört auch die Angabe der Energieeffizienzklassen mit den Klassen A–H. Das betrifft jedoch nur neue Energieausweise für Wohngebäude, die nach dem Inkrafttreten der Neuregelung ausgestellt wurden.
- Liegt ein Energieausweis nach bisherigem Recht vor – ohne Angabe zu den Effizienzklassen – so ist er bis zum Ablauf seiner Gültigkeit zulässig.
- Der Energieausweis muss Miet- oder Kaufinteressenten zum Zeitpunkt der Besichtigung des Wohnungsobjekts zugänglich gemacht werden.
- Er muss dem neuen Mieter oder Eigentümer in Kopie oder im Original ausgehändigt werden.
- Aushang des Energieausweises in bestimmten Gebäuden mit starkem Publikumsverkehr, der nicht auf einer behördlichen Nutzung beruht, z. B. größere Läden, Restaurants, Kaufhäuser etc.

Erweiterung der bestehenden Pflicht:

- Aushang in behördlich genutzten Räumen mit starkem Publikumsverkehr, auf kleinere Gebäude mit mehr als 250 Quadratmeter Nutzfläche.

Achtung !

Durch die Länder wurden Stichprobenkontrollen für Energieausweise und Berichte über die Inspektion von Klimaanlagen eingeführt – bei Nichteinhaltung sind Strafen möglich.

EnEV-Verbrauchsausweis

- Wer in einer Immobilienanzeige für Wohngebäude nicht sämtliche Pflichtangaben zur Energieeffizienz macht, dem droht ein Bußgeld bis zu 15.000 EUR.
- Öl- und Gas-Standardheizungen, die vor dem 1.10.1978 eingebaut wurden, dürfen nicht mehr betrieben werden.
- Das gilt auch für Kessel, die älter als 30 Jahre sind, sofern es sich um Konstanttemperaturkessel üblicher Größe handelt.
- Heizungs- und Warmwasserrohre in unbeheizten Räumen müssen gedämmt werden.
- Obere Geschossdecken zu unbeheizten Dachräumen müssen gedämmt werden, wenn sie keinen Mindestwärmeschutz aufweisen. Bei Holzbalkendecken genügt es, die Hohlräume mit Dämmstoff zu füllen. Die Dämmpflicht gilt für alle begehbaren oder auch nicht begehbaren, zugänglichen obersten Geschossdecken. Das gilt auch für nicht ausgebaute Aufenthalts- oder Trockenräume und Spitzböden.

Tipp !

Sprechen Sie mit Ihrem Eigentümer über Förderungsmaßnahmen. So gibt es z. B. bei der KfW-Bank Förderprogramme für Investitionen.

Planen Sie die Maßnahmen und deren Kosten ein.

Die Nachrüstpflichten gelten nicht für selbst nutzende Eigentümer von Ein- und Zweifamilienhäusern. Hier gilt die Nachrüstpflicht erst nach einem Eigentümerwechsel innerhalb der darauf folgenden zwei Jahre.

7.12.2 Sanierungspflichten

Sofern Veränderungen von mindestens 20 Prozent der Bauteilflächen an bestehenden Bauteilen durchgeführt werden, sind die Vorschriften der EnEV für die gesamten Bauteile einzuhalten.

7.12.3 Gebäudeenergiepass

7.12.3.1 Ziel und Inhalt der EU-Richtlinie

Der Gebäudeenergiepass ist ein Instrument der Energieeinsparverordnung. Diese Verordnung führte die damalige Wärmeschutz- sowie die Heizungsanlagenverordnung in 2002 zusammen. Ziel der europäischen Richtlinie zur Gesamteffizienz von Gebäuden sowie der verschiedenen Beschlüsse der Bundesregierung zur Energiewende ist es, bis 2050 einen nahezu klimaneutralen Gebäudebestand zu erreichen. Insgesamt sollen europaweite Standards für die energetischen Qualitäten von Gebäuden festgelegt werden wie z. B. die Eindämmung von Wärmeverlusten durch neue Anlagentechnik oder die Weiterbildung von Technologien zur Erneuerung von Wärme und Kälte durch erneuerbare Energien.

Nachdem wir uns im Rahmen der EnEV 2014 und 2015 schon mit dem Gebäudeenergieausweis beschäftigt haben, möchte ich ihn hier kurz erläutern:

Der Energieausweis stellt fest, wie viel Energie ein Haus/eine Wohnung verbraucht. Die Nutzer können dann bewusster mit der Energie umgehen. Zudem werden Sanierungstipps, z. B. für einfach verglaste Fenster oder schlecht gedämmte Gebäude, gegeben.

7.12.3.2 Energiepass nach Verbrauch und Bedarf

Generell werden zwei Gebäudeenergiepässe angeboten, die beide zehn Jahre gültig sind.

- **Verbrauchsorientierter Energiepass**
  Der verbrauchsorientierte Gebäudeenergiepass gibt Auskunft über den tatsächlichen Verbrauch pro Quadratmeter Wohnfläche, das Nutzerverhalten und die tatsächliche Qualität der Gebäudehülle und des Wärmeerzeugers. Außerdem soll er

einen Vergleich mit vorgegebenen Normwerten ermöglichen. Die Erstellung des Passes kann z. B. durch Energieablesedienste und Schornsteinfeger erfolgen.

- **Bedarfsorientierter Energiepass**
  Der bedarfsorientierte Energiepass weist standardisierte Bedingungen wie berechnete Wärme- und Anlagenverluste, Normverbrauch pro Quadratmeter Nutzfläche sowie begleitende Maßnahmen für eine kostengünstige Verbesserung der Energieeffizienz aus. Er kann durch einen besonderen Personenkreis (Ingenieure und Sachverständige) erstellt werden. Der Gesetzgeber sieht vor, dass eine Pflicht zum Bedarfsausweis für Gebäude mit bis zu vier Wohnungen besteht, die vor dem 1.11.1977 und damit vor Wirksamwerden der ersten Wärmeschutzverordnung errichtet wurden. Ausgenommen von dieser Pflicht sind Wohngebäude, die zwischenzeitlich saniert wurden und mindestens den energetischen Stand der Wärmeschutzverordnung vom 11.8.1977 erreicht haben; für sie besteht Wahlfreiheit. Für alle Wohngebäude, die nach 1978 errichtet wurden, kann zwischen beiden Ausweisarten uneingeschränkt gewählt werden.

7.12.3.3 Rechtsfolgen

Der Energieausweis muss dem Mietinteressenten zugänglich gemacht werden, darf aber nicht als Vertragsbestandteil deklariert werden, um Regressansprüche des Mieters zu vermeiden.

Als zusätzliche Absicherung kann durch Ergänzung des Mietvertrags der folgende Passus mit aufgenommen werden:

> § 16 EnEV wird dem Mieter bei Gelegenheit des Abschlusses dieses Mietvertrags ein Energieausweis zur Information vorgelegt. Der Inhalt des Ausweises ist ausdrücklich nicht zwischen den Vertragsparteien vereinbart. Er war auch nicht Gegenstand der Vertragsanbahnung. Die Vertragsparteien sind sich einig, dass der Energieausweis keine Rechtswirkungen für diesen Vertrag hat und sich daraus insbesondere keine Gewährleistungs- und Modernisierungsansprüche herleiten lassen.Aufgrund der Verpflichtung nach § 16 EnEV wird dem Mieter bei Gelegenheit des Abschlusses dieses Mietvertrags ein Energieausweis zur Information vorgelegt. Der Inhalt des Ausweises ist ausdrücklich nicht zwischen den Vertragsparteien vereinbart. Er war auch nicht Gegenstand der Vertragsanbahnung. Die Vertragsparteien sind sich einig, dass der Energieausweis keine Rechtswirkungen für

diesen Vertrag hat und sich daraus insbesondere keine Gewährleistungs- und Modernisierungsansprüche herleiten lassen.

[...]

Verstöße gegen die Vorlage können ein Bußgeld von bis zu 15.000,00 EUR nach sich ziehen.

7.12.3.4 Datenerhebungsbogen

Im Datenerhebungsbogen sind neben Ihrem Namen und der Firmenanschrift auch Ihre Kundennummer und die Objektnummer anzugeben, sofern eine Ablesefirma den Ausweis für Sie erstellen soll.

Außerdem ist die Anzahl der Wohnungen, der Gebäudetyp, also z. B. »Mehrfamilienhaus ohne gewerbliche Nutzung« oder »Ein-/Zweifamilienhaus mit beheiztem Keller«, sowie das Baujahr des Gebäudes und die Gebäudenutzfläche anzugeben. Weiterhin erteilen Sie bitte Auskünfte zum Modernisierungszustand (Dach, Außenwand, Fenster, Kellerdecke, Heizungsanlage) des betreffenden Gebäudes.

7.13 Ökodesign-Richtlinie

Auf Mietverwalter kommen immer wieder neue gesetzliche Anforderungen zu. Eine der neuesten Anforderungen, die ab dem 26.9.2015 gültig ist, ist die Ökodesign-Richtlinie. Sie stellt neue Anforderung an die Heiztechnik. Diese Anforderungen und ihre Auswirkungen schauen wir uns in den nächsten Kapiteln an.

Worauf müssen Sie achten?

Wärmeerzeuger müssen seit September 2015 Mindestanforderungen an die Energieeffizienz erfüllen, so die Ökodesign-Richtlinie für energieverbrauchende und energieverbrauchsrelevante Produkte. Dazu gehören gesetzliche Anforderung an den Effizienz- und Schallleistungspegel von Heizungen und der Einsatz von Energieeffizienzlabeln.

- Fossil betriebene Heizgeräte- und Kessel: Blockheizwerte bis 500 kW elektrische Leistung
- Durchlauferhitzer und Wärmepumpen bis 400 kW Leistung.

Hier ist die »jahreszeitbedingte Raumheizungs-Energieeffizienz« ausschlaggebend, sie darf nicht unter 86 Prozent fallen. Kein Problem ergibt sich für Sie, falls Sie in Ihren Objekten schon moderne Brennwertkessel betreiben.

Die Brenntechnik für Öl- und Gasheizkessel wird bis auf Ausnahmen Standard. Heizwertgeräte erfüllen die Bedingungen nicht.

Bei Gasthermen zur dezentralen Beheizung von Mehrfamilienhäusern gilt jedoch eine Sonderregelung:

- Schornsteine mit einer Nennleistung bis 10 kW und
- Kombi-Schornsteingeräte mit einer Nennwärmeleistung bis 30 kW in Mehrfachbelegung

dürfen weiterhin als Heizgeräte eingebaut werden. Allerdings muss hier die jahreszeitbedingte Raumheizungs-Energieeffizienz mindestens 78 Prozent betragen.

Wichtig !

Der Stichtag 26.9.2015 birgt keine Austauschpflicht in sich. Vorhandene Geräte dürfen weiter betrieben, gewartet und instand gesetzt werden. Für bestehende Gasetagenheizungen wie auch für Heizkessel mit ausreichender Restlaufzeit sollten Sie mit Ihrer Wartungsfirma vereinbaren, dass die Versorgung mit Ersatzteilen gewährleistet ist.

7.14 Änderung des gesetzlichen Messwesens (MessEG)

Neue Anzeigepflichten gelten auch für Kaltwasser-, Warmwasser- und Wärmezähler. Dies gilt jedoch nur für den Eigentümer der Zähler, sollten Sie Ihre Zähler also gemietet und nicht gekauft haben, hat deren Eigentümer die Pflicht wahrzunehmen. In der Regel handelt es sich hier um Messdienst-unternehmen/Ablesefirmen, die die Geräte auch vermieten.

Am 1.1.2015 ist das neue Mess- und Eichgesetz (MessEG) mit der entsprechenden Mess- und Eichverordnung (MessEV) und der Mess- und Eichkostenverordnung (MKVO) in Kraft getreten. Damit kommen einige Neuerungen auf uns zu. Sie betreffen die sog. Anzeigepflicht von neuen oder erneuerten Messgeräten gem. § 32 MessEG, die Anforderungen an das Verwenden von Messwerten gem. § 33 MessEG sowie die Ersteichung und damit die Kennzeichnung von Messgeräten.

Anzeigepflicht § 32 MessEG
Das neue Mess- und Eichgesetz beinhaltet unter anderem die Pflicht für den Verwender eines Messgerätes, neue oder erneuerte Geräte sechs Wochen nach ihrer Inbetriebnahme an die nach Landesrecht zuständige Eichbehörde zu melden.

Es gibt zwei Möglichkeiten für die Meldung gegenüber der Eichbehörde.

- Einzelmeldung gem. § 32 Abs. 1 MessEG
  Die Einzelmeldung beinhaltet pro Gerät die folgenden Angaben: Geräteart, Hersteller, Typbezeichnung, Jahr der Kennzeichnung und Anschrift desjenigen, der das Messgerät verwendet.
- Sammelmeldung gem. § 32 Abs. 2 MessEG
  Bei der Sammelmeldung ist es zum einen erforderlich, die Messgeräteart, die erstmals ab dem 1.1.2015 verbaut wurde, zusammen mit der Anschrift des Verwenders zu melden. Dabei ist nur eine einmalige Meldung pro Verpflichtetem und pro Messgeräteart notwendig. Zum anderen müssen bei Aufforderung durch die zuständige Eichbehörde auch bei dieser Variante die Daten aus § 32 Abs. 1 MessEG für jedes Gerät einzeln der Eichbehörde zur Verfügung gestellt werden. Für diese Variante reicht es aus, entsprechende Kosten mit weitergehenden Daten zu den Messgeräten vorzuhalten.

Zur Erfüllung der Anzeigenpflicht steht unter www.eichamt.de eine Internetplattform zur Verfügung. Natürlich können Sie Ihre Meldung auch per Brief oder Fax senden.

Die zu meldenden Daten sind im Detail:

- Messgeräteart (Wasserzähler, Wärmezähler, Kältezähler),
- Hersteller (§ 2 Abs. 6 MessEG, Hersteller ist derjenige, der ein Produkt herstellt oder herstellen lässt und unter eigenem Namen vermarktet),
- Typbezeichnung (damit ist die genaue Messgerätespezifikation gemeint, z. B. »Messkapsel-Wasserzähler Vario 3«),
- Jahr der Kennzeichnung,
- Anschrift desjenigen, der das Messgerät verwendet (Eigentümer des Gebäudes oder der Verwalter; die Anschrift setzt sich aus dem Namen des Eigentümers und dessen Adresse zusammen).

Kostenverordnung zum Mess- und Eichwesen
Die Mess- und Eichkostenverordnung (MEKV) löst die Eichkostenverordnung 2013 ab. Damit werden die Gebührentatbestände überarbeitet.

Um die nunmehr nach Mess- und Eichgesetz vorgeschriebene Kostendeckung der gebührenfähigen Leistungen darzustellen, ist seitens der Landesbehörden die Erhöhung der Gebühreneinnahmen um 30 Prozent notwendig.

7.15 Verschärfte Vorschriften der Betriebssicherheitsverordnung für Aufzugsbetreiber

Im Juli 2015 trat die Neufassung der Betriebssicherheitsverordnung (BetrSichV) in Kraft. Sie betrifft laut Dachverband der technischen Überwachungsvereine schätzungsweise über 630.00 Aufzüge. Es wird weiterhin davon ausgegangen, dass mindestens ca. 150.000 Fahrstühle nicht regelmäßig gewartet und geprüft werden. Weil dadurch eine erhöhte Gefahr für die Nutzer besteht, gelten verschärfte Vorschriften und verschärfte Haftungsregelungen. So müssen bis Ende Mai 2016 sämtliche Aufzüge geprüft und mit einer Prüfplakette ausgestattet werden. Sie gibt dem Nutzer des Fahrstuhls Auskunft darüber,

- wann der Aufzug geprüft wurde,
- welche Prüforganisation die Prüfung vornahm,
- wann die nächste Prüfung ansteht.

Sollte der Fahrstuhl nicht geprüft worden sein, kann der Nutzer sich an den Betreiber (also an uns Verwalter) oder sogar an die Ordnungsbehörde wenden.

Für die Prüfung durch die zugelassenen Überwachungsstellen gilt:

DEKRA und TÜV prüfen – wie bisher – jährlich die Aufzugsanlage. Bislang galt zusätzlich die EN81-80.

Diese besagt: Mit der Einführung der Betriebssicherheitsverordnung (BetrSichV) zum 1.1.2003 fordert der Verordnungsgeber neben den regelmäßigen Prüfungen noch zusätzlich die Erstellung einer sicherheitstechnischen Bewertung. Für Aufzüge, die vor 2003 in Betrieb genommen wurden, hatte die Prüfung bis zum 31.12.07 zu erfolgen. Die Form der sicherheitstechnischen Bewertung wurde vom Verordnungsgeber nicht festgelegt, jedoch wurde auf europäischer Ebene eine Norm »Regeln für die Erhöhung der Sicherheit bestehender Personen- und Lastenaufzüge«, die EN 81-80, entwickelt, die als allgemeingültiges Regelwerk angesehen wird und als Basis für die sicherheitstechnische Bewertung gilt.

Die Bewertung enthält keine Auflistung von Mängeln, sondern führt die Abweichungen vom Stand der heutigen Technik auf, die nach den Risikostufen »niedrig«, »mittel« und »hoch« bewertet werden. Empfohlen wird, dass Abweichungen mit der Risikostufe »hoch« innerhalb von fünf Jahren – also kurzfristig – und Abweichungen der Stufe »mittel« mittelfristig innerhalb von zehn Jahren und die niedrigen Abweichungen langfristig im Rahmen von Modernisierungen beseitigt werden können. Da es sich hier nur um Empfehlungen handelt, haftet der Betreiber der Aufzugsanlagen, der für den ordnungsgemäßen Zustand der Anlage verantwortlich ist. Durchgeführt werden können die Bewertungen vom TÜV, der DEKRA etc.

Nun gilt, dass nicht mehr der Stand der Technik zum Zeitpunkt der Inbetriebnahme zzgl. den Empfehlungen der EN81-80 gilt, sondern nach Prüfersicht die heutigen Bestimmungen bedeutsam sind. Jedoch zählt der jeweilige Einzelfall. Das heißt: Es wird festgestellt, ob der Aufzug für die jetzigen Bedingungen am Betriebsort geeignet ist. Das heißt unter Umständen, dass ein Aufzug modernisiert werden muss, auch wenn er störungsfrei ist. Hier informieren Sie unbedingt rechtzeitig den Eigentümer, um die Finanzierung der Modernisierungsmaßnahme sicherzustellen. Die Hauptprüfungen sollen im Abstand von zwei Jahren erfolgen. Bei Aufzügen, die sich in einem technisch schlechten Zustand befinden und/oder störanfällig sind, können die Fristen durch die zugelassenen Überwachungsstellen verkürzt werden.

Als Verwalter haben Sie eine zugelassene Überwachungsstelle oder aber auch Ihr Aufzugsunternehmen mit dieser Gefährdungsbeurteilung zu beauftragen. Bei dieser Gefährdungsbeurteilung wird die Gefährdung für die Personen im Aufzug, aber auch im Aufzugsschacht geprüft.

Grundsätzlich soll die Gefährdungsbeurteilung immer dann vorgenommen werden, wenn sich die Umgebungs- und/oder Nutzungsbedingungen des Aufzugs verändert haben. Weiterhin werden voraussichtlich die Fahrstuhlanlagen auf ihre Barrierefreiheit – besonders bei Hotels – geprüft werden. Hierbei gilt wahrscheinlich auch, dass zu hoch angebrachte Aufzugstableaus oder schwergängige Notrufknöpfe und Taster durch leichtgängige Tasten in geringer Höhe ersetzt werden sollen.

Bei neu eingebauten Aufzügen gelten die folgenden neuen Regelungen:

- Inbetriebnahmeprüfung – zusätzlich zur bisherigen Inverkehrbringungsprüfung: Die Inbetriebnahmeprüfung entspricht umfangmäßig der zweijährigen Hauptprüfung im Hinblick auf den Betrieb und die Funktion des Notrufsystems.
- Vollständigkeit der Dokumentation in Verbindung mit einem Notfallplan: Dieser Plan soll sicherstellen, dass bei einem Notfall die schnelle Befreiung von Personen gewährleistet ist, z. B. bei Bränden und einem Einschluss der Nutzer.

Stellen Sie dem Aufzugsunternehmen oder – sofern vorhanden – Ihren hauseigenen Technikern den Notfallplan zur Verfügung. Noch besser: Machen Sie beides, um die zügige Durchführung des Plans zu gewährleisten.

Zum Inhalt dieses Plans gehören der Standort des Aufzugs und die Zugangsberechtigung zum Gebäude für Personen, die zum einen die Eingeschlossenen befreien und zum anderen auch Erste Hilfe leisten können.

Zum Erstellen des Notfallplans ziehen Sie bitte das mit dem Neubau beauftragte Aufzugsunternehmen oder das Wartungsunternehmen hinzu.

Tipp !

Beauftragen Sie bitte das Unternehmen, das den Aufzug einbaut mit der Wartung. Auch dann, wenn die Wartung durch dieses Unternehmen teurer ist, als bei anderen Wartungsfirmen. So umgehen Sie bei Mängeln während der Gewährleistungszeit, dass der eine dem anderen die Schuld für die Mängel zuschiebt.

Der Notfallplan ist auch für Bestandsaufzüge zu erstellen.

Die Notruffunktionen müssen bis Ende 2020 mit modernen Notrufsystemen ausgestattet werden. Das gilt nur für die Fälle, dass die Prüfer keine vorzeitige Umstellung fordern. Die Notrufsysteme müssen mit dauerhaft besetzten Notrufzentralen verbunden sein, damit jederzeit Hilfe geleistet werden kann.

Achtung !

Kamen Nutzer einer Aufzugsanlage früher zu Schaden, weil die Aufzugsanlage Mängel aufwies, mussten sie ihre Ansprüche zivilrechtlich durchsetzen. Durch die Novellierung der Betriebssicherheitsverordnung gelten nun die Betreiber im Allgemeinen als Arbeitgeber.

Die Fahrstuhlnutzer werden als Arbeitnehmer bzw. Verwender gesehen, die Nutzung des Fahrstuhls als Verwendung von Arbeitsmitteln. Somit hat der Betreiber als Arbeitgeber jederzeit dafür Sorge zu tragen, dass der Aufzug immer dem Stand der Technik entspricht. Er riskiert sonst Sanktionen nach dem Arbeitsschutzgesetz. Das kann einerseits eine Ordnungswidrigkeit, andererseits aber auch eine Straftat sein.

7.16 Rauchwarnmelder

Nachdem Sie Ihrem Mieter den Einbau von Rauchwarnmeldern angekündigt haben, teilt der Ihnen mit, dass er bereits selbst Rauchwarnmelder einbauen ließ. Er verweigert Ihnen sogar den Zugang zur Wohnung und die damit verbundene Installation. Nun ist guter Rat teuer! Darf er sich so verhalten? Nein!

Der BGH hat entschieden, dass es sich bei der beabsichtigten Installation von Rauchwarnmeldern durch den Vermieter um eine bauliche Maßnahme handelt, die zu einer nachhaltigen Erhöhung des Gebrauchswerts und zu einer dauerhaften Verbesserung der allgemeinen Wohnverhältnisse im Sinne von § 555b Nr. 4 und 5 BGB führt. Daher sei dies vom Mieter zu dulden. Es werde durch den Einbau und die spätere Wartung der Rauchwarnmelder für das gesamte Gebäude »in einer Hand« ein hohes Maß an Sicherheit gewährleistet, das zu einer nachhaltigen Verbesserung auch im Vergleich zu einem Zustand führe, der bereits durch den Einbau der vom Mieter selbst ausgewählten Rauchwarnmelder erreicht ist. Des Weiteren ergebe sich eine Duldungspflicht des Mieters jedenfalls dann, wenn der Einbau von Rauchwarnmeldern landesgesetzlich in der jeweiligen Bauordnung vorgeschrieben ist, aus § 555b Nr. 6 BGB (für NRW z. B.: § 49 Abs. 7 LBauO NRW).

7.17 Ausblick in die Zukunft – Das könnte sich ändern!

Energieeinsparverordnung – EnEV

Es ist damit zu rechnen, dass die Einsparverordnung eine Änderung (wahrscheinlich eine Verschärfung) erfährt.

8 Soziale Verwaltung

In der heutigen Zeit wird der Begriff der sozialen Verwaltung immer wichtiger. Sah man früher den Mieter nur als »notwendiges Übel« an, so betrachtet man ihn heute als Geschäftspartner bzw. als Kunden.

Langfristige Mieterbindung

Durch eine langfristige Mieterbindung ersparen Sie sich Zeit und Aufwand, z. B. für die Akquisition, und vermeiden eventuell einen Leerstand der Wohnung. Bei einem nur einmonatigen Leerstand vermindert sich der Jahresbetrag der Wohnung um 1/12 zzgl. der fehlenden Betriebskostenvorauszahlung.

Die folgenden Punkte helfen Ihnen, ein partnerschaftliches Verhältnis zu Ihrer Kundschaft aufzubauen:

- Anbringen eines »Beschwerdebriefkastens«,
- regelmäßige Mietersprechstunden,
- Informationen durch Rundschreiben,
- Mieterversammlungen,
- Mieterbeirat.

Exemplarische Einladung zu einer Mieterversammlung

ARBEITS-HILFE ONLINE

Bei den Arbeitshilfen online finden Sie eine exemplarische Einladung zu einer Mieterversammlung als Download.

Tipp

!

Führen Sie ein Beschwerdemanagement ein:

- Beschwerden sind in jeder Form anzunehmen. Der Sachbearbeiter, der die Beschwerden annimmt, bearbeitet sie auch. Der Kunde wird nicht weitergereicht und verärgert. Bearbeiten Sie die Beschwerden umgehend unter Berücksichtigung ihrer Priorität und informieren Sie dann den Mieter über die eingeleiteten Schritte.
- Geben Sie Hilfestellungen bei Mietern mit finanziellen Problemen, verweisen Sie auf die Wohngeldstelle/das Sozialamt des zuständigen Ortes/Kreises.
- Organisieren Sie »Nachbarschaftshilfe« bei älteren Mietern.

Wenn Sie an einer erfolgreichen Beziehung zwischen sich und dem Kunden interessiert sind, kommen Sie an einem am Mieternutzen orientierten Beschwerdemanagement nicht vorbei.

Denken Sie daran:
Einen neuen Kunden zu gewinnen, bedeutet wesentlich mehr Aufwand, als einen alten Kunden zu halten.

Ausnahmen

Es gibt jedoch Ausnahmen, in denen Sie nicht die Interessen des Mieters vertreten können. Das ist der Fall, wenn der Mieter seinen mietvertraglich vereinbarten Pflichten nicht nachkommt, z.B. durch Nichteinhaltung der Hausordnung, Nichtzahlung der Miete, unsachgemäße Behandlung der Mietgegenstände oder unberechtigte Forderungen. Hier haben Sie die Erwartungen des Eigentümers zu erfüllen, indem Sie seine Interessen vertreten.

Ein weiteres Problem könnte entstehen, wenn Sie ein Objekt übernehmen, das vorher vom Eigentümer selbst verwaltet wurde. Sehr oft wenden sich die Mieter auch hinterher direkt an den Vermieter und beschweren sich bei Konflikten gerne bei ihm. Weisen Sie den Eigentümer bereits beim Vertragsabschluss auf dieses Problem hin und bitten Sie ihn, jeden Mieter an Sie zu verweisen.

Hausordnung

Sorgen Sie durch Anbringen einer Hausordnung für Ruhe und Ordnung. Stellen Sie, wenn möglich, je eine auf die Liegenschaft bezogene Hausordnung auf. Gehen Sie nach dem Grundsatz »Soviel wie nötig, so wenig wie möglich« vor. Bei Objekten mit multikultureller Mieterstruktur erstellen Sie die Hausordnung bitte mehrsprachig.

Achten Sie auf die Einhaltung der Hausordnung, auch wenn Sie sich dabei bei einem Mieter unbeliebt machen. Seien Sie jedoch vorsichtig, wenn sich ein einzelner Mieter über einen Mitmieter beschwert – der Grund könnte eine Privatangelegenheit sein. Rufen Sie den Hausmeister und andere Hausbewohner an und erkundigen Sie sich nach der Richtigkeit der Beschwerde. Sollte tatsächlich ein Grund vorhanden sein, schreiben Sie zunächst den betroffenen Mieter an, setzen Sie ihn über den Verstoß gegen die Hausordnung in Kenntnis und bitten Sie ihn um eine Stellungnahme.

9 Basics zum Gewerberaummietrecht

9.1 Besonderheiten bei der Vermietung von Gewerbeobjekten

Die Gewerberaummiete ist von der Wohnraummiete abzugrenzen. Sofern das Mietverhältnis in rechtlicher Hinsicht nicht als Wohnraummietverhältnis einzuordnen ist, sind die gesetzlichen Rahmenbedingungen erheblich weiter gefasst. Regeln Sie daher einige Vertragspunkte besonders deutlich:

- **Mietvertragsdauer, Kündigungsfristen, Laufzeitverlängerung**
  Es bestehen keine gesetzlichen Kündigungsfristen. Sie haben also die Möglichkeit, den Vertrag als Zeitmietvertrag abzuschließen.
- **Mietvertragsverfahren**
  Vereinbaren Sie im Mietvertrag Mieterhöhungen, z.B. Indexmiete oder Staffelmiete, sofern es sich um Mietverträge mit längeren Laufzeiten handelt. Der Gesetzgeber gibt hier keine gesetzlichen Regelungen bzgl. Mieterhöhungen vor.
- **Zweckbestimmung**
  Regeln Sie den Nutzungszweck, um sicherzustellen, dass keine willkürliche Nutzungsänderung vorgenommen werden kann. Durch die Bestimmung wird so für die Einhaltung des Sortiments- oder Konkurrenzschutzes gesorgt.
- **Sortiments- oder Konkurrenzschutz**
  Hier vereinbaren Sie, ob und welcher Sortiments- oder Konkurrenzschutz bestehen soll.

Beispiel !

Sie haben ein Ärztehaus in der Verwaltung. Eine leerstehende Praxis soll an einen Zahnarzt vermietet werden. Der Zahnarzt besteht darauf, dass in seinen Mietvertrag aufgenommen wird, dass in dem Gebäude an keinen zweiten Zahnarzt vermietet werden darf.

- **Betriebspflicht/Öffnungszeiten**
  Sofern es sich bei dem Objekt um ein Ladenlokal in einem Einkaufszentrum oder in einer Ladenpassage handelt, geben Sie vor, dass der Mieter während der Vertragslaufzeit das Geschäft zu bestimmten Öffnungszeiten zu öffnen hat. Damit sind einheitliche Öffnungszeiten gewährleistet.

9.2 Einstufung des Mietvertrags

Ausschlaggebend ist die Art und Nutzung. Bei überwiegend gewerblicher Nutzung stellen Sie bitte einen gewerblichen Mietvertrag aus, bei überwiegender Wohnraumnutzung wählen Sie einen Wohnraummietvertrag.

! **Beispiel**

Eine Immobilienmaklerin mietet eine Vierzimmerwohnung an und nutzt ein Zimmer als Büro, die restlichen Zimmer zu Wohnzwecken. Hier ist ein Wohnraummietvertrag zu wählen.

! **Achtung**

Wird ein Vertrag als Wohnraummietvertrag bezeichnet, unterliegt er dem Wohnraummietrecht, auch wenn die Räume weitgehend zu gewerblichen/freiberuflichen Zwecken genutzt werden.

9.3 Wahl des richtigen Mieters für Ihr Objekt

Versuchen Sie z. B. bei einer Ladenpassage die Attraktivität der gesamten Passage dadurch zu steigern, dass Sie die Läden an Einzelhändler mit einer Angebotspalette im höheren Qualitäts- und Preissegment vermieten. Durch die damit verbundene Schaufensterfunktion erhöht sich die Attraktivität für die Kunden – und damit auch der Umsatz für Ihren Mieter. So lassen sich wiederum höhere Mieten erzielen.

9.3.1 Bonität

Prüfen Sie vor einer Neuvermietung unbedingt die Bonität des Mietinteressenten. Nicht jeder Selbstständige besitzt eine ausreichende Bonität. Stellen Sie diese durch

- Bankauskunft,
- Schufa-Auskunft,
- Auskunft von Auskunftsdateien,
- Bestätigung vom Steuerberater,
- Gewinn- und Verlusterklärung,
- Bilanz,
- ggf. Handelsregister (bei Kapitalgesellschaften)

sicher.

Seien Sie vorsichtig bei Vermietungen an »Modeerscheinungen« wie z. B. Eineuroläden, Internetcafés etc.

9.3.2 Konkurrenzschutz

Schützen Sie Ihre Mieter durch Konkurrenzschutz, das heißt, dass Sie an keinen Mieter vermieten, der Waren oder Dienstleistungen anbietet, die bereits angeboten werden. Sonst wird dadurch die Gewinnerzielung gemindert.

9.3.3 Überzogene Mietpreisvorstellungen

Überzogene Mietvorstellungen führen zu Leerstand oder hoher Mieterfluktuation. Passen Sie deshalb Ihre Miete dem Markt an.

9.4 Der gewerbliche Mietvertrag

Übersicht zum Mietvertragsinhalt

In einem Mietvertrag sollten mindestens die folgenden Punkte angesprochen sein:

- Vertragsparteien,
- Mietgegenstand,
- Vertragszweck,
- Mietzeit,
- Optionen,
- Mietzins (einschl. Nebenkosten und MwSt.),
- Änderung des Mietzinses,
- Kautionen,
- Instandhaltung des Mietobjekts (einschl. Schönheitsreparatur),
- bauliche Veränderungen,
- Rückgabe des Mietgegenstands nach Vertragsende,
- Schriftform für Änderungen und Ergänzungen,
- Ausschluss von Mietminderungen, wenn nicht durch den Vermieter verursacht oder beeinflussbar,
- Betriebspflicht,
- Konkurrenzschutz.

Zu empfehlen sind ferner die folgenden Bestimmungen:

- Werbung,
- Untervermietung,
- Besonderheiten bei Personenmehrheiten,
- Gerichtsstand,
- Wegereinigung und Streupflicht,
- Glasinstandhaltung und Versicherung,
- Wohnungseigentumsanlagen,
- Betreten der Mieträume durch den Vermieter,
- Haftungsausschluss des Vermieters an Sachen des Mieters.

Im Übrigen gelten bzgl. der Form und des Inhalts die Angaben zum Thema »Wohnraummietvertrag«. Sie werden noch durch die folgenden Punkte ergänzt:

- Nachträge müssen von denselben Parteien oder Rechtsnachfolgern unterzeichnen werden.
- Schlüssel erst übergeben, wenn der Mietvertrag abgeschlossen und die Kaution gezahlt wurde.

9.4.1 Mietgegenstand

Bitte beschreiben Sie das zu vermietende Gewerbeobjekt genau, z. B.:

- Angabe der einzelnen Baulichkeiten,
- Mieträume innerhalb des Gebäudes und der vermieteten Freiflächen,
- Abstellgelegenheiten,
- Treppenhäuser,
- Keller,
- Eingangsbereiche,
- PKW-Abstellflächen,
- Mietflächen in Plänen farblich markieren – dem Mietvertrag beifügen.

! **Achtung**

Im Gegensatz zum Wohnraummietrecht wird nach Nutzfläche abgerechnet.

9.4.2 Vertragszweck

Bitte legen Sie den Vertragszweck genau fest, damit es später nicht zu Unstimmigkeiten kommt.

Nehmen Sie bei bereits vorhersehbaren Störungen vertraglich auf, welches Ausmaß diese annehmen dürfen (Geruchsbelästigung durch ein Restaurant, Lärmbelästigung durch eine Diskothek). Legen Sie die Konsequenzen bei Übertretungen fest.

Geben Sie unbedingt die Deckenbelastbarkeit von Hallen an, damit Sie nicht haftbar gemacht werden können.

Tipp !

Verwenden Sie die nachstehende Freizeichnungsklausel:
Geschäftsräume dürfen nur zu dem vereinbarten Zweck genutzt werden. Der Vermieter leistet keine Gewähr dafür, dass die vermieteten Räume den einschlägigen besonderen technischen Anforderungen oder gesetzlichen und behördlichen Vorschriften für das betriebene Gewerbe entsprechen. Behördliche Anordnungen und Auflagen hat der Mieter auf eigene Kosten zu erfüllen.

Sollte eine solche Klausel im Gewerbemietvertrag fehlen und z. B. eine Gaststätte vermietet werden, könnten die Auflagen, die das Ordnungsamt verfügt, für einen Vermieter so teuer werden, dass die ganze Vermietung infrage gestellt ist.

9.4.3 Mietzeit

- **Immer** das Datum des Vertragsbeginns angeben.
- Keinen möglichst frühen Mietbeginn vereinbaren, wenn Sie ihn nicht gewährleisten können. Hier bietet sich bei einem Erstbezug die folgende Formulierung an: »Bei Fertigstellung des Mietobjektes ist der Vermieter verpflichtet, dem Mieter mit einer Frist von drei Monaten den Vertragsbeginn schriftlich mitzuteilen.«
- Eine langfristige Ausrichtung ist möglich.
- Es muss kein Mietende vereinbart werden. Möglich ist auch eine Vermietung auf unbestimmte Zeit mit gesetzlicher Kündigungsfrist (spätestens zum dritten Werktag eines Kalendervierteljahrs für den Ablauf des nächsten Kalendervierteljahrs).

- Keinesfalls die Formulierung »unbegrenzt« verwenden, sonst wäre der Mietvertrag gem. § 544 BGB erst nach 30 Jahren kündbar.

9.4.4 Option

Die Mietzeit wird durch einseitige Erklärung verlängert. Bitte machen Sie Angaben zur Miethöhe während des Verlängerungszeitraums. Achten Sie darauf, dass Sie die Optionszeit genau angeben.

!

Beispiel

Bei Ziehung der Option verlängert sich der Vertrag um weitere sieben Jahre, bis zum 31.12.20xx.

Achten Sie auch darauf, anzugeben, bis wann die Optionszeit gezogen werden muss. Sollte der Mieter sich bis zu diesem Zeitpunkt nicht melden, hat er die Option nicht gezogen und sein Optionsrecht verfällt.

9.4.5 Mietzins

Der Mietzins ist grundsätzlich frei vereinbar – die gesetzlichen Schranken des Wohnraummietrechts gelten hier nicht, es sei denn, Sie betreiben Mietwucher.

So besteht z. B. die Möglichkeit, eine Umsatzmiete zu erheben. Der Vermieter ist in diesem Fall am Umsatz des Mieters beteiligt, weil ein bestimmter Prozentsatz des Umsatzes als Miete vereinbart wird (Nettomiete, ohne Mehrwertsteuer). Allerdings trägt der Vermieter damit auch ein unternehmerisches Risiko. Bitte vereinbaren Sie deshalb unbedingt eine Basismiete. Allerdings ist auch eine Begrenzung in Form einer Höchstmiete möglich. Bitte lassen Sie sich den Umsatznachweis von einem unabhängigen Steuerberater, Wirtschaftsprüfer etc. bestätigen.

9.4.6 Änderung des Mietzinses

Änderungskündigung

Eine Änderungskündigung ist durch eine Vereinbarung beider Parteien oder einseitig durch eine Änderungskündigung des Vermieters möglich. Sie setzt voraus,

- dass ein Mietvertrag auf unbestimmte Zeit geschlossenen wurde oder
- dass die vereinbarte Vertragszeit abgelaufen ist oder
- dass in einen Mietvertrag mit fester Laufzeit ein Erhöhungsvorbehalt bzgl. des Mietzinses aufgenommen wurde.

Staffelmiete

Bei der Staffelmiete werden spätere Mietsteigerungen schon beim Vertragsabschluss festgelegt. Die Mieterhöhung erfolgt nicht in Prozenten. Vielmehr werden die einzelnen Stufen der Mietstaffel ziffernmäßig benannt.

Wertsicherungsklausel

Im Rahmen der Wertsicherungsklausel erfolgt die Anpassung der Miethöhe an eine veränderte Marktsituation und richtet sich z. B. nach dem Lebenshaltungsindex. Wenn Parteien erst später Kenntnis von der Änderung des Wertmaßstabs erlangen, ist die Miete rückwirkend nachzuzahlen. Ein Aufforderungsschreiben ist nur erforderlich, wenn es vereinbart wurde.

Spannungsklausel

Die Wertsicherung wird dadurch bewirkt, dass sich der Mietzins entsprechend einer Vergleichsgröße ändert (ähnlich wie bei der Vergleichsmiete). Der Mietzins eines anderen Gewerberaummietvertrags kann als Vergleichsgröße herangezogen werden. Die Vergleichsgröße muss jedoch gleichartig oder zumindest vergleichbar sein. Der Mietzins von Wohnraum und Gewerberaum ist z. B. nicht vergleichbar.

Leistungsvorbehalt

Der Vermieter kann nach einer festgelegten Zeit durch einseitiges Leistungsbestimmungsrecht nach billigem Ermessen den Mietzins neu festsetzen. Ein solcher Leistungsvorbehalt ist möglich durch eine Vereinbarung zwischen den Parteien oder eine Festsetzung durch einen Dritten (z. B. Sachverständigen). Über die Kosten des Gutachtens sollte eine Klausel in den Mietvertrag aufgenommen werden.

Mieterhöhung nach einer Modernisierung
Da es im Gewerbemietrecht keine Regelungen hierzu gibt, müssen eindeutige Regelungen zu Modernisierungen in den gewerblichen Mietvertrag aufgenommen werden.

9.5 Betriebskosten im Gewerbe

Was die Betriebskosten anbelangt, ist eine spezielle, einzelne Auflistung erforderlich, z. B.:

- Kosten der Bewachung und Sicherheit,
- Brandbekämpfung,
- Müllentsorgung,
- Heizung, Lüftung, Warmwasser,
- Wasser und Abwasseranlagen,
- Reinigung und Beleuchtung,
- Telekommunikation,
- Sach-, Haftpflicht-, und Spezialversicherungen,
- Transportanlagen,
- Gemeinschaftseinrichtungen,
- Personalkosten,
- sonstige Betriebskosten,
- Beiträge und Abgaben,
- Verwaltungs- und Managementkosten,
- Beitritt und Beiträge zu einer Werbegemeinschaft
- etc.

Bitte beachten Sie: Diese Liste liefert nur Beispiele, sie umfasst bei Weitem nicht alle Kosten, die tatsächlich möglich sind.

Abrechnung
Sie können die Betriebskosten auch nach dem zwölften Monat nach dem Ende des Abrechnungszeitraums erstellen. Das muss jedoch vereinbart werden.

- Bei einer Pauschalzahlung entfällt die detaillierte Auflistung und Abrechnung.

> **Beispiel** !
>
> Sie vereinbaren beim Abschluss eines Mietvertrags eine Miete von 500 EUR zzgl. 150 EUR Nebenkosten als Pauschale für alle anfallenden Betriebskosten. Egal, ob der Mieter mit dieser Pauschale, die auch Wasser und Heizung umfasst, auskommt oder nicht, Sie dürfen keine Abrechnung erstellen, und zwar auch dann nicht, wenn es für Sie zum Nachteil ist und eigentlich eine Nachzahlung fällig wäre. Mit den 150 EUR sind alle Kosten abgegolten.

- Die bloße Vereinbarung »Mieter übernimmt alle Nebenkosten« reicht nicht aus. Sie müssen alle Betriebskosten einzeln auflisten oder sich auf § 2 der BetrKV beziehen.
- Enthält ein Mietvertrag einen Betriebskostenkatalog, reicht dieser in der Regel aus. Er ist ggf. nur um spezielle Kostenarten zu ergänzen, z. B. um die Kosten für den Sicherheitsdienst.
- Neu eingeführte Betriebskostenarten können umgelegt werden. Das gilt jedoch erst für die Zeit nach ihrer erstmaligen Geltendmachung, es sein denn, der Mietvertrag enthält eine Mehrbelastungsklausel.

> **Beispiel** !
>
> Erstmaliger Einbau eines Personenaufzugs. Dabei entstehen Wartungs-, Strom- und Telefonkosten. Diese Kosten sind umlagefähig, das jedoch nicht im Jahr ihrer Entstehung, sondern erst im Folgejahr.

Vorauszahlung

Vorauszahlungen müssen in angemessener Höhe erfolgen. Fehlt hierzu eine Vereinbarung, können keine Vorauszahlungen gefordert werden.

Erhöhung der Vorauszahlungen

Eine Erhöhung der Vorauszahlungen ist nur bei einer entsprechenden Vereinbarung im Mietvertrag oder im Rahmen einer Änderungskündigung möglich. Die Erhöhung der Vorauszahlungen muss im Voraus angekündigt und erläutert werden (welche Kosten sich ab wann um welchen Betrag erhöhen).

Grundsteuernachbelastung

Bei Neubauten wird die Grundsteuernachbelastung teilweise erst nach Jahren rückwirkend in Rechnung gestellt. Durch eine entsprechende Vereinbarung kann eine Vorauszahlung in Höhe der zu erwartenden Grundsteuer erfolgen. Beim Gewerbe ist die Fälligkeit nicht im Gesetz geregelt, es wird aber empfohlen, die Vorauszahlung mit der monatlichen Mietzahlung zu verbinden.

Änderung des Abrechnungsschlüssels
Eine Änderung des Abrechnungsschlüssels ist nur möglich, wenn sie nach Treu und Glauben aufgrund sachlicher Veränderungen geboten ist und der Billigkeit entspricht, z. B. Abrechnung des Wassers nach Verbrauch und nicht mehr nach Quadratmeter Mietfläche.

9.6 Mietkautionen

Sofern vereinbart, können Sie Kautionen verlangen, die auch mehr als drei Monatsmieten betragen. Dabei müssen Sie die Kaution nicht auf die Nettomiete begrenzen, sondern können auch Nebenkosten und die gesetzliche Mehrwertsteuer mit hineinnehmen.

Sollte Ihr Mieter Einbauten oder Umbauten vornehmen wollen, können Sie diese von einer Erhöhung der Absicherung der Rückbaukosten abhängig machen. Das gilt beim Anbringen von Werbetafeln an der Fassade auch für die Kaution.

Eine Verzinsung der Kaution können Sie per Vertrag ausschließen. Die Kaution muss aber dennoch auf einem Konto/Sparbuch, das nicht Ihrem Vermögen zuzurechnen ist, angelegt werden.

9.7 Instandhaltung des Mietobjekts

Zunächst sind Sie verpflichtet, die Mietsache in einem zum vertragsgemäßen Gebrauch geeigneten Zustand zu erhalten, also Instandhaltung und Instandsetzung durchzuführen. Sie können diese Verpflichtung allerdings durch eine individuelle Vereinbarung ausschlage und auf den Mieter übertragen, sodass der Mieter z. B. für alle notwendigen Reparaturen, Instandsetzungen, Instandhaltungen und Erneuerungen in den überlassenen Mieträumen sorgt.

9.8 Bauliche Veränderung

Bauliche Veränderungen sind prinzipiell durch Sie zu genehmigen, ansonsten haben Sie einen Beseitigungsanspruch. Sie können abmahnen und danach auf Beseitigung und Unterlassung klagen. Das gilt natürlich nicht, wenn eine Rückbauverpflichtung vertraglich ausgeschlossen ist.

9.9 Rückgabe des Mietgegenstands

Nutzt der Mieter auch nach dem Vertragsende das Objekt, dann verlängert sich das Mietverhältnis auf unbestimmte Zeit, sofern der Vermieter nicht sofort widerspricht. Bitte achten Sie darauf, dass Ihr Mieter die gewerblichen Räume nicht weiterhin nutzt. Sie können die Nutzung über das Vertragsende hinaus auch vertraglich ausschließen.

Erstellen Sie ein Protokoll über den Zustand der Mietsache. Listen Sie hierbei auch das Inventar auf bzw. gleichen Sie es mit der »Alt-Inventarliste« ab und prüfen Sie, ob alles vorhanden ist und mängelfrei übergeben wurde.

9.10 Schriftform für Änderungen und Ergänzungen

Bitte nehmen Sie die folgende Klausel in den Mietvertrag auf:

»Änderungen und Ergänzungen bedürfen der Schriftform«.

9.11 Ausschluss von Mietminderungen

Im Gegensatz zu Wohnraummietverträgen können Sie beim Gewerbemietvertrag – also formularmäßig – Mietminderungen ausschließen. Das gilt auch bei Störungen der Versorgung mit Gas, Wasser und Strom und bei Störungen von technischen Einrichtungen. Im Unterschied zu Wohnraummietverträgen können auch Mietminderungen bei Baulärm und/oder Straßenarbeiten ausgeschlossen werden.

9.12 Betriebspflicht

Natürlich sollten Sie ein Interesse daran haben, dass das vermietete Objekt nicht leer steht. Dadurch würde – unabhängig davon, dass ein höheres Einbruchsrisiko bestünde – sein Wert sinken.

9.13 Werbung

Das Anbringen von Reklame, Schildern und Warenautomaten an Außenfassaden kann mit Ausnahme von üblichen Praxis- und Firmenschildern formularmäßig ausgeschlossen oder als genehmigungspflichtig deklariert werden. Der Vermieter kann sich auch ein Mitbestimmungsrecht bzgl. der Einheitlichkeit der Schilder formularmäßig vorbehalten.

9.14 Personengesellschaften

Bei einer Mehrheit von Personen auf der Mieterseite handelt es sich um eine Gesellschaft. Daher sind alle Erklärungen Ihrerseits an alle Gesellschafter abzugeben. Alle Gesellschafter müssen folglich auch den Mietvertrag unterschreiben.

! **Tipp**

Vereinbaren Sie, dass sich die Mieter gegenseitig zur Abgabe und Entgegennahme sämtlicher Willenserklärungen bevollmächtigen.

9.15 Untervermietung

Untermiete ist anzunehmen, wenn die Mieträume vom Mieter auf der Grundlage eines schuldrechtlichen Vertrags einem Dritten für eine gewisse Dauer ganz oder teilweise zum selbstständigen Gebrauch überlassen werden und der Mieter seine Rechte und Pflichten aus dem Mietverhältnis gegenüber dem Vermieter beibehält. Der Untermietvertrag ist ein echter Mietvertrag mit allen Rechten und Pflichten, der auch der Formvorschrift des BGB unterliegt, wenn er langfristig angelegt ist. Enthält der Mietvertrag mit Ihrem Mieter keine Regelungen bzgl. einer Untervermietung, gilt § 540 BGB. Ihm zufolge ist es dem Mieter verwehrt, die Mietsache oder Teile davon Dritten zu überlassen, ohne Ihre Zustimmung einzuholen. Die Erlaubnis selbst bedarf nicht der Schriftform. Aus Beweisgründen sollten Sie aber immer auf eine schriftliche Erlaubnis bestehen.

10 Übungen

10.1 Fallbeispiel: Betriebskostenabrechnung

Bitte erstellen Sie eine Betriebskostenabrechnung für den Zeitraum 1.1.201x–31.12.201x.

Vermieter:	Hausverwaltung Hans Mayer, Planeggerstraße 13, München
Mieter:	Herr Karl Mustermann, Hauptstraße 1, München, Mietvertrag seit 2009
Gesamtwohnfläche des Hauses:	1678,08 m^2
Wohnfläche der Wohnung Nr. 5:	74,25 m^2

Gesamtkosten des Hauses	
Hausmeistervergütung	3.742,68 EUR
Schornsteinfeger	53,24 EUR
Putzmittel	70,96 EUR
Verwaltergebühren	4.800 EUR
Allgemeinstrom	708 EUR
Wasser und Heizkosten	12.200 EUR
	(davon 830 EUR anteilig)
Putzdienst	2.000 EUR
Reparaturen	120 EUR
Grundsteuer	180 EUR
Bankgebühren	280 EUR
Wartungsvertrag Heizung	400 EUR
Versicherungen	2.100 EUR

Gesamtkosten des Hauses	
NKVZ	1.400 EUR

Ergibt die Abrechnung ein Guthaben oder eine Nachzahlung für den Mieter?

Lösung

Kostenart	Gesamtkosten des Hauses	Anteilige Kosten des Mieters
Hausmeistervergütung	3.742,68 EUR	165,60 EUR
Schornsteinfeger	53,24 EUR	2,36 EUR
Putzmittel	70,96 EUR	3,14 EUR
Verwaltergebühren	4.800,00 EUR	0,00 EUR
		(da nicht umlagefähig)
Allgemeinstrom	708,00 EUR	31,33 EUR
Wasser- und Heizkosten	12.200,00 EUR	830,00 EUR
		(anteilig für den Mieter)
Putzdienst	2.000,00 EUR	88,49 EUR
Reparaturen	120,00 EUR	0,00 EUR
		(da nicht umlagefähig)
Grundsteuer	180,00 EUR	7,96 EUR
Bankgebühren	280,00 EUR	0,00 EUR
		(da nicht umlagefähig)
Wartungsvertrag Heizung	400,00 EUR	17,70 EUR
Versicherungen	2100,00 EUR	92,92 EUR
Insg.:		1.239,50 EUR
-NKVZ		-1.400,00 EUR
Guthaben für den Mieter		**160,50 EUR**

10.2 Fallbeispiel: Neuberechnung einer Miete gem. Mietspiegel

Bitte erstellen Sie eine Mieterhöhung.

Vermieter:	Hausverwaltung Hans Meyer, Mainstraße 12, Frankfurt
Mieter:	Karl Mustermann, Ringstraße 11, Frankfurt
Wohnfläche der Wohnung Nr. 5:	90 m^2

Es geht um eine Vierzimmerwohnung in einem Gewerbegebiet. Der kleinste Wohnraum hat 16 m^2, der größte 44 m^2 Wohnfläche. Zusätzlich zum luxuriösen Bad mit einer Gesamtbreite von 3,45 m^2 an der schmalsten Seite, mit WC, zwei Waschbecken und einer exklusiven Badewanne besitzt die Wohnung noch ein separates Gäste-WC. 65 Prozent der Wohnräume sind mit einem Parkettboden ausgestattet, der sich in einem guten Zustand befindet. Baujahr des Hauses: 1985.

Welchen Mietpreis könnten Sie für diese Wohnung erzielen? Zur Berechnung benötigen Sie den folgenden Mietspiegel.

Mietspiegel

Durchschnittliche Basisnettomiete in EUR/m^2 und Monat nach Wohnungsgröße und Baualter			
	Baualter		
Wohnungsgröße	**bis 1920**	**1920–1996**	**ab 1997**
20 m^2	14,85 EUR	14,00 EUR	14,50 EUR
30 m^2	12,65 EUR	12,00 EUR	12,51 EUR
40 m^2	11,15 EUR	10,50 EUR	11,02 EUR
50 m^2	10,13 EUR	9,60 EUR	10,15 EUR
60 m^2	9,34 EUR	8,63 EUR	9,30 EUR
70 m^2	8,73 EUR	8,10 EUR	8,57 EUR
80 m^2	8,24 EUR	7,90 EUR	8,16 EUR
90 m^2	7,84 EUR	7,52 EUR	7,79 EUR

Durchschnittliche Basisnettomiete in EUR/m² und Monat nach Wohnungsgröße und Baualter			
	Baualter		
Wohnungsgröße	**bis 1920**	**1920–1996**	**ab 1997**
100 m²	7,51 EUR	6,73 EUR	7,45 EUR
110 m²	7,23 EUR	6,31 EUR	7,16 EUR
120 m²	6,98 EUR	6,11 EUR	6,94 EUR
130 m²	6,77 EUR	5,89 EUR	6,53 EUR
140 m²	6,59 EUR	5,67 EUR	6,32 EUR
150 m²	6,43 EUR	5,54 EUR	6,12 EUR

Durchschnittliche Zuschläge und Abschläge		
Wohnungstyp	**Zuschläge**	**Abschläge**
Einzimmerwohnung mit Küche		
(Koch- oder Wohnküche, Wfl. 30 m² oder kleiner)		
Wfl. 30 m² oder kleiner		-1,50 EUR
Zweizimmerwohnung mit Küche		
(Koch-/Wohnküche oder integrierte Küche)		
Wfl. 50 m² oder kleiner		- 0,60 EUR
Dreizimmerwohnung mit Küche		
(Koch-/Wohnküche oder integrierte Küche)		
Wfl. über 90 m²	0,56 EUR	
Vierzimmerwohnung mit Küche		
(Koch-/Wohnküche oder integrierte Küche)		
Wfl. über 110 m²	0,54 EUR	
Grundrissgestaltung		
Kleinster Wohnraum 9 m² und kleiner		
Die Wohnung hat mindestens einen Wohnraum		-0,32 EUR

Durchschnittliche Zuschläge und Abschläge		
Größter Wohnraum 35 m² und größer		
Die Wohnung hat mindestens zwei Wohnräume	0,30 EUR	
Bad- und Sanitärausstattung		
Ohne Badezimmer		
Ein Badezimmer ist ein separater Raum der Wohnung mit Bade- oder Duschwanne		-1,70 EUR
Bad		
ist rundum mindestens halbhoch gekachelt	0,50 EUR	
Bad		
ist an der schmalsten Seite mindestens 2,00 m breit	0,30 EUR	
Badewanne und separate Duschwanne		
in einem Raum vorhanden	0,30 EUR	
Zweite separate Toilette (z. B. Gäste-WC)		
Innerhalb der Wohnung; Badezimmer muss ebenfalls vorhanden sein	0,60 EUR	
Komfortable Badausstattung		
Badezimmer ist an der schmalsten Seite min. 2,80 m breit. Weiterhin ist eine Badewanne in Sonderbauform (z. B. Doppelbadewanne, freistehende moderne Wanne und/oder Rundbadewanne) und mindestens eines der folgenden Merkmale vorhanden:		
• Fußbodenheizung,		
• Badewanne mit Komfortausstattung (z. B. Luftsprudler, Massagedüsen, Whirlpoolfunktion)		
• Doppelwaschbecken oder zweites/weiteres Wachbecken	2,90 EUR	
Fehlende Etagen- oder Gebäude-Zentralheizung		-1,60 EUR
Elektroeinzelöfen; Gaseinzelöfen		

Durchschnittliche Zuschläge und Abschläge		
(mit zentraler Gasversorgung)		-0,53 EUR
Kohleöfen		-0,80 EUR
Sonstige Merkmale		
Überwiegend hochwertige Fußböden		
• Baualter bis 1948	0,94 EUR	
• Baualter 1949–1977	1,11 EUR	
• Baualter ab 1978	0,93 EUR	
Offener Kamin	1,02 EUR	
Einfach verglaste Fenster	0,84 EUR	
Leitungen über Putz		
Auf Putz liegende unverkleidete Gas- oder Heizungsleitungen in mindestens einem der Wohnräume; kurze Zuleitungen, die die Stellfläche nicht beeinträchtigen, bleiben unberücksichtigt		
• für Baualter 1948 und früher		-0,70 EUR
• für Baualter 1949-1977		-0,60 EUR
Wohnlage		
Sehr gute Wohnlage	1,80 EUR	
Gehobene Wohnlage	0,78 EUR	
Einfache Wohnlage oder sehr einfache Wohnlage		-0,30 EUR

Lösung

Basismiete: 90 m^2 x 7,52 EUR (Baualtersklasse 1985) =	676,80 EUR
Größter Wohnraum 44 m^2 (90 m^2 x Zuschlag 0,30 EUR/m^2) =	27,00 EUR
Komfortable Badausstattung (Zuschlag 90 m^2 x 2,90 EUR) =	261,00 EUR
Gäste-WC (Zuschlag 90 m^2 x 0,60 EUR) =	54,00 EUR

Überwiegend hochwertige Fußböden (Baualtersklasse 1985/Zuschlag 90 m^2 x 0,93 EUR)	83,70 EUR
Einfache Wohnlage (90 m^2 x 0,30 EUR)	27,00 EUR
Mietpreis nach Erhöhung	**1.047,70 EUR**

10.3 Fallbeispiel: Erstellung einer fristlosen Kündigung wegen Zahlungsverzugs

Bitte erstellen Sie anhand der folgenden Daten eine fristlose Kündigung des Mietverhältnisses am 15.7.20xx an Ihren Mieter Frank Mustermann, Musterstraße 1, 12345 Musterstadt. Der Mietvertrag wurde am 20.2.2000 für seine Zweizimmerwohnung Nr. 5, 1. OG links mit 48,90 m^2. Er hat weder die Miete für die Monate März und April i. H. v. jeweils 500 EUR noch die Nebenkosten i. H. v. 150 EUR monatlich bezahlt. Auch die Nachzahlung aus der Betriebskostenabrechnung in Höhe von 300 EUR wurde noch nicht gezahlt, obwohl sie fällig ist. Angemahnt wurden die Beträge am 5.3.20xx und am 9.4.20xx.

Lösung

Herrn

Frank Mustermann

Musterstraße 1

12345 Musterstadt

Musterstadt,
15.7.20xx

Fristlose Kündigung des Mietvertragsverhältnisses vom 20.2.2000 über die Zweizimmerwohnung Nr. 5, 1. OG links (48 m^2) Musterstraße 1, Musterstadt

Sehr geehrter Herr Mustermann,

hiermit kündigen wir Ihnen das oben genannte Mietvertragsverhältnis fristlos, spätestens jedoch zum (Datum – ca. 7 Tage).

Sie haben uns die Wohnung in mietvertraglich vereinbartem Zustand mit allen Schlüsseln herauszugeben.

Ihr Mieterkonto weist folgenden Rückstand auf:

Miete März 20xx	500 EUR
Nebenkosten März 20xx	150 EUR
Miete April 20xx	500 EUR
Nebenkosten April 20xx	150 EUR
Nachzahlung aus Betriebskostenabrechnung	300 EUR
Gesamt	1.600 EUR
Trotz unserer Mahnungen vom 5.3.20xx und vom 9.4.20xx wurden die o. g. Beträge nicht gezahlt.	

Zugleich teilen wir Ihnen mit, dass wir Räumungs- und Nachzahlungsklage gegen Sie erhoben haben, da nicht zu erwarten ist, dass Sie die Wohnung räumen und den geschuldeten Betrag zahlen werden. Bereits jetzt widersprechen wir ausdrücklich der Fortsetzung des Mietverhältnisses über den o. g. Zeitpunkt hinaus.

Mit freundlichen Grüßen

Name der Hausverwaltung

10.4 Aufgaben zur Selbstüberprüfung

Aufgabe 1
Hausverwaltungen können sowohl als Einzelunternehmen als auch als Kapitalgesellschaft geführt werden. Nennen Sie bitte je zwei Vor- oder Nachteile zu der jeweiligen Rechtsform.

Aufgabe 2
Eine Hausverwaltung ist ein Unternehmen, das wirtschaftlich geführt wird. Um feststellen zu können, ob dies der Fall ist, sind betriebswirtschaftliche Kennzahlen nötig. Nennen Sie bitte zwei Kennzahlen, die für Sie als Verwalter wichtig sind, und erörtern Sie, warum.

Aufgabe 3
Bevor Sie ein neues Objekt übernehmen, sollten Sie die Rentabilität der Liegenschaft überprüfen. Welche Punkte sollten Sie abklären (bitte nennen Sie zwei)?

Aufgabe 4
Bitte nennen Sie die drei verschiedenen Arten der Verwaltervergütung und erklären Sie sie – auch eventuelle Nachteile.

Aufgabe 5
Wie gehen Sie bei einem Leerstand bzgl. Ihres Verwalterhonorars vor?

Aufgabe 6
Wie viele Einheiten sollte eine Vollzeitkraft verwalten können?

- 100–200
- 300–500
- mehr als 1000

Aufgabe 7
Ein neu gebautes, frei finanziertes Mehrfamilienhaus wird von Ihnen verwaltet. Aus der Vielzahl der Wohnungsbewerber haben Sie sich für einen Interessenten entschieden. Der Mietinteressent hat noch zwei Fragen, bevor er den Vertrag unterzeichnet. Bitte beantworten Sie sie:

a) Erläutern Sie dem Mieter, für welchen Umlageschlüssel Sie sich entschieden haben und warum.
a) Erläutern Sie die Höhe der gesetzlich zulässigen Kaution und wann diese zahlbar ist.

Aufgabe 8
Welche Aussage ist richtig?
- Ist der dritte Werktag des Monats ein Samstag, zählt er bei der Zahlung des Mietzinses als Werktag mit.
- Der Mieter darf Kopien der Rechnungen anfordern, damit er die Betriebskostenabrechnung überprüfen kann.
- Dem Mieter ist es zuzumuten, dass er sich zwecks Überprüfung der Betriebskostenabrechnung einen Taschenrechner zulegt.

Aufgabe 9
Ihr Mieter, Herr Prüfealles, möchte die Betriebskostenabrechnung überprüfen. Bis wann hat er Einwände gegen die seines Erachtens falsche Abrechnung vorzubringen?

Aufgabe 10
Sie erstellen eine Betriebskostenabrechnung für die Mieter eines Sechsfamilienhauses. Dabei haben Sie zu berücksichtigen, dass die Betriebskostenabrechnung ordnungsgemäß erstellt wird. Bitte teilen Sie mit, wie eine Abrechnung zu erstellen ist und welche Punkte zu berücksichtigen sind, damit sie überprüfbar ist (Anforderungen).

Aufgabe 11
Um Betriebskosten auf Ihre Mieter umlegen zu können, müssen die entsprechenden Kosten laufend angefallen sein. Nun haben Sie eine Rechnung über die Wartung eines Heizöltanks, die jedoch nur alle zehn Jahre anfällt.

Erfassen Sie diese Rechnung buchhalterisch als umlagefähig oder als nicht umlagefähig?

Aufgabe 12
Bitte erläutern Sie den Unterschied zwischen Instandhaltung und Instandsetzung.

Aufgabe 13
Was verstehen Sie unter Verkehrssicherungspflicht?

- Darauf zu achten, dass die Fahrzeuge der Mieter ungehindert in der Tiefgarage einparken können, damit die Mieter keine Mietminderungen geltend machen können.
- Alles Nötige zu veranlassen, dass niemand zu Schaden kommt.

Aufgabe 14
Ihr Mieter teilt Ihnen mit, dass der Aufzug defekt ist. Bei dem Objekt handelt es sich um eine WEG, in der Sie eine Wohnung als Mietverwalter verwalten. Welche ersten Schritte führen Sie durch?

Aufgabe 15
Was verstehen Sie unter Berliner Räumung, wo ist sie verankert und was ist der Vorteil dieser Räumung?

Aufgabe 16
Was ist der Unterschied zwischen einem Stundenlohnvertrag und einem Festpreisvertrag? Bitte teilen Sie den Nachteil beim Stundenlohnvertrag mit.

Aufgabe 17
Bei der Dämmung der kompletten Außenfassade tragen Sie gegenüber Ihren Mietern eine Informationspflicht. Welche ist es und warum?

- Um wie viel Uhr die Handwerker beginnen werden.
- Dass ein Außengerüst gestellt wird.
- Ob die Handwerker auch samstags kommen.

Aufgabe 18
Bitte teilen Sie mit, was der Hauptgrund für die Trinkwasserverordnung ist.

Lösungen

Aufgabe 1

- Einzelunternehmen: Haftet komplett mit dem Privatkapital; trägt das unternehmerische Risiko alleine.
- Kapitalgesellschaft: Haftet nur mit dem Stammkapital; die Firma und ihr Bestand können verkauft werden.

Aufgabe 2

- Durchschnittliche Objektgröße: Größere Objekte sind wirtschaftlich interessanter als kleinere Objekte, weil sehr oft die gleiche Anzahl von immer wiederkehrenden Arbeiten mit einem ähnlich großen Aufwand entstehen, aber bei größeren Objekten die Einkünfte höher sind.
- Monatlicher Zeitaufwand pro Objekt: Es gibt Objekte, die mehr Personal- und Zeitressourcen benötigen als geplant, weil sie mehr Aufwand und Ärger als andere Liegenschaften bereiten. Hier sollte entweder das Honorar nachkalkuliert oder der Vertrag wird nicht mehr verlängert werden.

Aufgabe 3

Sie sollten abklären, welche Probleme es in der Liegenschaft gibt, z. B. wie hoch der Sanierungsstau ist, ob Prozesse mit Mietern bestehen oder wie die Lage des Objekts ist. Gute Lage oder sozialer Brennpunkt (Kulturelle- und Sprachschwierigkeiten)?

Aufgabe 4

- Mietabhängiges Verwalterhonorar 3–5 Prozent der Mieteinnahmen. Kein Honorar bei Leerstand.
- Pauschales Verwalterhonorar: Pauschale pro zu verwaltender Einheit, auch bei Parkplätzen und Garagen. Je größer die Mieteinheit, desto geringer die monatliche Pauschale.
- Honorarmix: Honorar für immer wiederkehrende Leistungen, verbunden mit z. B. einem weiteren Stundenhonorar (Aufarbeitung von Altlasten).

Aufgabe 5

Es wird zumindest ein Basishonorar vereinbart, weil auch bei einem Leerstand Tätigkeiten durchgeführt werden müssen, z. B. Besichtigungen der Leerstände, Erstellung von Exposés, Verhandlungen mit potenziellen Mietern.

Aufgabe 6

Eine Vollzeitkraft sollte 300–500 Einheiten verwalten können.

Aufgabe 7

a) Sie verwenden als Umlageschlüssel m^2 Wohnfläche, Umlageschlüssel nach Personen oder Wohneinheiten veraltet sind und die genaue Personenzahl schwierig feststellbar ist.

b) Die gesetzlich zulässige Kaution beträgt drei Monatsmieten Kaltmiete. Sie ist in drei gleichen Raten zahlbar. Die erste Rate ist bei der Schlüsselübergabe zahlbar.

Aufgabe 8

Die richtige Antwort ist Antwort Nr. 3: »Dem Mieter ist es zuzumuten, dass er sich zwecks Überprüfung der Betriebskostenabrechnung einen Taschenrechner zulegt.«

Aufgabe 9

Eine Einwendung gegen die Abrechnung ist bis spätestens zwölf Monate nach dem Zugang der Abrechnung einzureichen, es sei denn, der Mieter hat die Verspätung nicht zu vertreten.

Aufgabe 10

Schriftlich; die Abrechnung muss klar, übersichtlich, geordnet und nachvollziehbar sein.

Aufgabe 11

Die Rechnung über die Wartung des Heizöltanks ist umlagefähig.

Aufgabe 12

- Instandhaltung: Der Ist-Zustand soll bleiben, z. B. durch Wartung.
- Instandsetzung: Reparatur oder Austausch.

Aufgabe 13

Die richtige Antwort ist Antwort Nr. 2. Unter Verkehrssicherungspflicht versteht man, »alles Nötige zu veranlassen, dass niemand zu Schaden kommt«.

Aufgabe 14

Den WEG-Verwalter sofort über den Mangel informieren und darauf zu drängen, dass er sofort behoben wird.

Aufgabe 15

Die Berliner Räumung ist eine Alternative zur normalen Räumung. Sie erleichtert die Besitzverschaffung und das Vermieterpfandrecht und ist zudem kostengünstiger. Sie ist in der zivilen Prozessordnung (ZPO) verankert.

Aufgabe 16

- Stundenlohnvertrag: Es wird nach Stunden abgerechnet. Hier besteht die Möglichkeit, dass der Handwerker mehr Stunden abrechnet, als er tatsächlich für Sie tätig war.
- Festpreis: Es wird ein Pauschalbetrag als Festpreis vereinbart. Unter Umständen könnte hier nur mit Hilfsarbeitern gearbeitet werden und/oder es wird nicht sorgfältig gearbeitet, sondern darauf geachtet, dass die Arbeiten schnell ausgeführt werden. Dadurch kann der Handwerker Geld einsparen.

Aufgabe 17

Richtig ist Antwort 2. Bei der Dämmung der Außenfassade müssen Sie Ihre Mieter darüber informieren, dass ein Außengerüst gestellt wird, weil dadurch erhöhte Einbruchsgefahr besteht.

Aufgabe 18

Hauptgrund für die Trinkwasserverordnung: Kontrolle des Wassers auf Legionellen.

Stichwortverzeichnis

Feedback

Inklusive Arbeitshilfen online

Exklusiv für Buchkäufer!

Ihre Arbeitshilfen zum Download:

- http://mybook.haufe.de/
- Buchcode: PDL-0862